吴式太极拳经典十六势

WUSHI TAIJIQUAN JINGDIAN SHILIUSHI

于子顺 编著

河南科学技术出版社
·郑州·

图书在版编目（CIP）数据

吴式太极拳经典十六势 / 于子顺编著. —郑州：河南科学技术出版社，2016.5（2023.2 重印）
ISBN 978-7-5349-7355-0

Ⅰ.①吴… Ⅱ.①于… Ⅲ.①吴式太极拳—基本知识 Ⅳ.①G852.11

中国版本图书馆 CIP 数据核字（2015）第 126216 号

吴式太极拳经典十六势

出版发行：河南科学技术出版社
地址：郑州市经五路 66 号 邮编：450002
电话：（0371）65737028 65788633
网址：www.hnstp.cn
策划编辑：韩雅楠
责任编辑：孟明明
责任校对：李振方
封面设计：朱 婧
版式设计：王高峰
责任印制：张艳芳
印 刷：永清县晔盛亚胶印有限公司
经 销：全国新华书店
幅面尺寸：170 mm×240 mm 印张：14 字数：230 千字
版 次：2016 年 5 月第 1 版 2023年 2 月第 2 次印刷
定 价：48.00元

武术名家　王培生先生

王培生先生（前排中）与弟子张耀忠（前排左）、茹世宝（前排右）、于子顺（后排左）、段留成（后排右）的合影

子顺贤契：

對阴阳变化之理，应细心研习，默識揣摩，漸至從心所欲！切記过与不及之弊為要！

丁卯夏至

王力泉手泐

王培生先生为弟子于子顺赠言

（王培生，1919—2004，名力泉，号印诚）

于子顺先生（右）与当代杰出书法家、白云观道长潘锋先生（左）交流修炼太极的感受

于子顺先生（前右）和夫人（前左）与弟子刘和平（后排右三）、李保国（后排左二）、秦学章（二排右一）、寿文秀（二排左二）、董海泉（二排左一）、郜卫东（后排右一）、高娟（二排左二）、马帅（后排左一）、李兰修（后排右二）、王拥军（后排右三）合影

后排左起：李晨军、张学宁、刘和平、秦学章、高娟、于海华、王拥军、张正平、王新生、张仁意、李兰修、何天国、金凯、吴希贤、寿文秀、郜卫东、马帅、李保国、侯庆福。前排左起：吴文云、于子顺

于子顺先生与部分学员合影

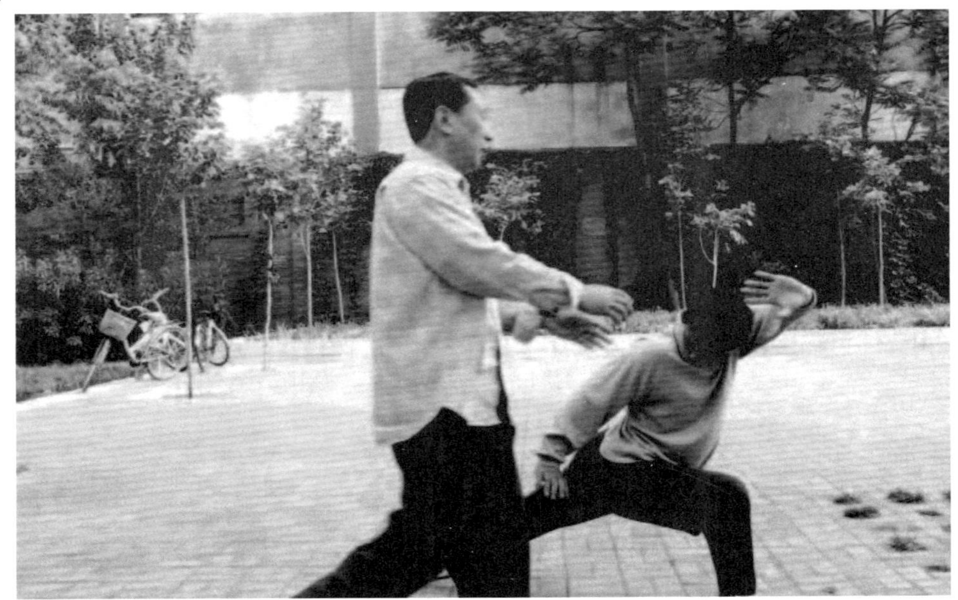

于子顺先生在指导郜卫东练降龙桩

于子顺先生在指导董海泉练玉女穿梭

于子顺先生在指导许战忠练下捩掌

于子顺先生在讲太极采劲

于子顺先生在讲太极挤劲

学员们在练吴式太极拳经典十六势

代 序

用毛泽东的军事思想
探究太极拳的威力所在

毛泽东是一位伟大的军事家，他的军事思想是被中国的近代战争史证实了的伟大思想。毛泽东吸收了国际上优秀的文化和思想，把马列主义与中国实际相结合，容纳了大量的中国优秀传统文化和军事经典，形成了他的军事思想体系。他的军事思想在中国20多年的战争中创造了许多经典战例，如：四渡赤水，地道战，地雷战，辽沈、淮海、平津战役等。他的军事思想是推翻压在中国人民头上三座大山的武器，也是保卫社会主义建设和祖国安全的法宝。

毛泽东的军事思想和太极拳的使用原则与要求都属于军事科学的大范畴。它们有共同的因素，就是都符合军事斗争科学的规律和要求，对敌武装斗争时，在敌强我弱的情况下，要充分发挥自己的特长，集中优势力量，避实就虚，不断地削弱敌人，减少消耗，巧妙地制服和歼灭敌人。但它们又有不同的使用范畴，毛泽东的军事思想是中国共产党在组织、领导、指挥人民军队的建设、训练和作战（包括单兵技术素质和作战动作的训练）的原则、方针和路线，是在敌强我弱的情况下，不断地削弱、消灭敌人，保存、发展壮大自己的科学思想体系。太极拳的使用原则与要求是习武人在提高自己身体素质（三盘九节、四肢百骸）和与敌搏斗时的方针、原则与要求，不断地形成习练太极拳者的单独思维模式或规律，用意不用力，四两拨千斤。

毛泽东的军事思想从整体上讲，就是人民战争，动员和团结全国各族人民参战，充分发挥人民群众的积极性、创造性和智慧（现代战争的武器装备包括导弹等也是人民群众智慧结晶的体现）。

太极拳的原理和应用原则强调的是“神领，用意、气运身的整劲”。

太极者，阴阳也，阳动阴必随，一动无不动，整也。太极拳的每个发劲活动，都不是一个局部的张弛活动，而是全身一动无有不动，每个部位都保持一样的、匀整的松紧，在运动中使全身的三盘九节、四肢百骸的各个部位都充分发挥功能，协调一致，一动无有不动。做到守中用中，舍己从人，不顶不丢，粘黏连随，协调一致地去完成每个攻防动作，并巧妙地做到攻中有防，防中有攻。换句话说，防即是化，化即是发，浑身无手，浑身是手，无点不弹簧。

毛泽东在战略上讲：要用游击战、运动战、围点打援等。其基本含义是避实就虚，集中优势兵力，找好打的、弱的敌人打，如运动立足未稳之敌、独立之敌、虚弱之敌、疲惫之敌等。

高层次的太极拳师在应敌时，举手劲走对方最虚弱的部位，讲究“一接点中求”，不硬碰硬，硬碰就犯了“双重”大忌。这与毛泽东的运动战、游击战等要求的内涵是相同的，找虚弱的部位打，找能制服对方的部位打，绝不硬拼打消耗战。

毛泽东的战术非常科学，如他为部队制订游击战的十六字诀“敌进我退，敌退我进，敌驻我扰，敌疲我打”。不能与敌人硬打硬拼，应保存实力，削弱敌人，制造和等待时机，找准敌人的弱点、虚点，及时集中优势兵力歼灭敌人。

太极拳应用时讲究后发制人，舍己从人，不顶不丢，粘黏连随。这与毛泽东的游击战十六字诀内涵相仿，“敌进我退，敌退我进”，就是“不顶不丢，粘黏连随”，当对方向我出手进攻时，我舍己从人，顺从对方之意，走化之，不与对方硬顶，顶就犯了太极拳应用时所反对的“双重”之病，是大忌。当对方收手企图后退时，我粘黏连随，不让对方跑掉。“敌驻我扰，敌疲我打”，这与太极拳应用中的粘黏连随的“听劲”相似，在对方出手进击和收手后退之中摸准对方的劲路和真实企图，不给对方休息调整的时机，不断地干扰、消耗对方，制造、等待时机，抓住对方的错误或虚弱之处击之。要“后发制人”，不是说先发不能制人，而是根据太极拳的原理和应用原则，首先要进行火力侦察，做到知己知彼。摸准对方的特点、功力、长处、弱点与不足，结合自己的实际情况，让开对方的力点，充分发挥自己的特点和长处，去打击对方的弱点与不足，更好地达到保存自己、制服对方的目的。舍己从人就是不以自己的主观意愿或假想去作为，而是按“实事求是”的原则，敌变我变，根据实际敌情及时地采取或变化对策与手法，使敌方摸不着我的劲路与意图。舍己就是舍掉自己的不切实际的主观假想，但始终不能舍掉消耗对方、侦察对方、摸准对方虚实、利用对方的劲路与企图，及时地控制、打击和制服对方；从人不是完全跟着对方的企图走，而是要根据对方的企图和变化去作为。在运动中结合对方的情况变化来决定自己的对策，并巧妙地利用对方的劲路和企图打击和制服对方。这与太极拳的后发制人的原则是一致的，只有舍己从人，在应用太极拳与推手时，才能做到知己知彼，有所作为，保持太极拳的威力，战胜对方。所以这与毛泽东的游击战十六字诀的内涵是完全相同的，是习武人在与敌搏斗时对毛泽东的十六字诀的灵活运用。也就是说，太极拳的原理和应用原则符合人体、自然和军事科学，具备毛泽东的军事科学思想的基本要素。这也正是太极拳威力所在。

毛泽东的军事思想和太极拳的应用原则与要求是军事科学中的两个不同范畴。毛泽东的军事思想是人民军队整个军事科学思想的整体，它适用于军事活动的各个方面，其中也包括单兵的武术修炼。而太极拳原理和应用原则与要求只是军事科学内容的一小部分，只有习武之人修炼太极拳时使用。在冷兵器时代，武术是军事战斗力的重要部分，太极拳只是武术的一个派别，在热兵器时代所占的比例更少。所以毛泽东的军事科学思想是军事活动的大道，好比大河之水，太极拳的原理和应用原则与要求是军事活动的一部分，是小道，好比是支流、小河之水。小道溶于大道，小河之水会溶入大河之水，流入大海。大海之水好比是科学世界总和，它包括多方面的科学体系，社会科学、自然科学只是其中的一部分，它们是相融的，因为它们有相同的成分和基因——科学。武装、武术、武艺都是武装斗争科学的内容，只是有整体和局部的不同，是相融的，也就是说，毛泽东的武装斗争理论即军事思想包融了太极拳的原理和应用原则与要求。只是涉及的范围、阐述的方法和用词不同。电影《南征北战》中有一位战士说得好：大炮不能上刺刀，解决战斗还要靠步兵。要靠单兵的搏斗，单兵的搏斗也是军事活动的一部分，要减少伤亡，歼灭敌人，争取战争的最后胜利，我们的战士就必须遵照毛泽东的军事思想去做，按军事科学规律去修炼自己，不断地提高军事素质。

毛泽东的军事思想中许多内容来源于中国优秀传统文化和军事经典，其中也包括太极拳的阴阳之理和应用原则与要求。毛泽东将马列主义与中国实际相结合，将其上升为指导中国革命战争的军事思想。所以我们修炼太极拳的人，更应该去学习毛泽东的军事思想，用毛泽东的军事思想分析认识太极拳的阴阳之理和应用原则与要求。太极拳的修炼和其他体育锻炼一样，要在名师的指导下，聚精会神地刻苦修炼，只靠空谈是不会有什么作为的。我们不仅要把太极拳的阴阳之理和应用原则与要求记在脑子中，而且要通过刻苦修炼，将它们融入到身体里，变成自己的自由行动，才能有所作为。换句话说，太极拳的原理、应用原则与要求不光是脑子里有，身上要有，全身要修炼一个整劲，三盘九节、四肢百骸的各个部位都能够充分发挥各自的功能并准确协调行动，一动无有不动，身如灌铅，身整如铸，肌肉若一，毛发如戟。浑身无手，浑身是手，全身无处不弹簧，并逐渐达到神明境界。太极拳应用时才能随心所欲，才能充分发挥太极拳的威力。

太极拳的“修炼”，就好比治军，将我们的部队整顿、训练好，纠正部队的一切不良习惯和作风。只有纪律严明，指挥科学有方，协调一致，吃苦耐劳，与时俱进，不断改进和掌握新的装备和技术，精益求精，牢记为人民服务的宗旨，这样的部队才能真正成为天下无敌的“铁军”。

修炼太极拳的“修”，有修剪、修整、修复等含义，就是按照太极拳的阴阳原理、应用原则与要求去做，用自然科学和人体科学规律去修剪掉身上的一切不良习惯，用阴阳辩证原理去扶正祛邪，通过整修使全身的经络畅通，身心强健，阴阳平衡，阳动阴必随，一动无有不动，协调一致。修炼太极拳的“炼”，有冶炼、煅烧的含义，就是将自身的三盘九节、四肢百骸与经络放入太极拳这座大熔炉中，用太极拳的阴阳辩证原理和应用原则与要求来进行冶炼、煅烧，百炼成钢。太极拳的修炼必须吃苦耐劳，在明师的指导下，聚精会神，刻苦认真，拳打千遍拳理自现。要使身体的三盘九节、四肢百骸、五脏六腑更加强壮，经络更加通达，气达四梢。要养成用意不用力，神领、意催、气运身的习惯。通过冶炼煅烧，熔掉了旧的我，炼成了新的我，提高了全身各部位的功能和功力，并逐渐达到身如灌铅，身整如铸，肌肉若一，毛发如戟，一动无有不动的体能，形成太极拳用意不用力的思维模式。

于子顺

2014年6月

前　言

自从《吴式太极拳三十七式》《吴式太极拳神意运用训练方法揭秘》等书出版后，近几年有许多太极拳爱好者来电、来信或家访。其中有几类人，一是大病痊愈，身体虚弱者；二是年纪较大记忆力减退，练整套太极拳力不从心者；三是年轻的想学太极拳，感到内容太难、太多，无从下手者。这几类人各有各的情况，各有各的想法，为了满足广大爱好者的愿望，在整理这本书时，笔者将通十四经的招式整理出来，为了减少训练难度和运动量，删减了重复动作，减去平衡招式和难度大的综合练习招式。同时考虑到太极拳爱好者提高层次的要求，采用大量图片，详细地将意念、眼神、气感整理出来，成为经典十六势。本书还以“一动一太极”的阴阳辩证之理为主线，将以前视为非门内弟子不传之秘的功法、功理、推手中的“出手如锉、回手如钩”、用意方法、发劲四要、太极拳特点、吴式太极拳的歌诀和笔者研究太极拳的随笔与感受整理成章，供读者参考。在编写中，为了使各类人都看得懂，记得住，本书采用了较为通俗的语言。

《吴式太极拳经典十六势》适用于初学太极拳的爱好者，通过修炼掌握初步的用意、方法和内容，可为提高训练层次打下良好的基础；适用于身体虚弱者，通过修炼可打通经络，祛病强身；适用于中老年人，难度不大，运动量小，招式少，好记好学，强身壮体，延年益寿。

太极拳博大精深，因笔者水平有限，书中不当之处，请同仁校正。同时对吴文云、于海华、杨少哲在摄影、图片整理中的积极合作，对董海泉在资料整理中的积极合作表示真诚的感谢。

于子顺

2015 年 3 月

目　录

第一章

吴式太极拳经典十六势名称顺序及动作图解

第一节 吴式太极拳经典十六势名称顺序

预备势 （热身法）
第一势 起势
第二势 揽雀尾
第三势 搂膝拗步
第四势 手挥琵琶
第五势 野马分鬃
第六势 玉女穿梭
第七势 肘底看捶
第八势 金鸡独立
第九势 倒撵猴
第十势 斜飞势
第十一势 提手上势
第十二势 白鹤亮翅
第十三势 海底针
第十四势 扇通背
第十五势 云手
第十六势 单鞭
收势

第二节　吴式太极拳经典十六势动作图解

预备势（热身法）

图 1

两脚平行自然站立，两手自然下垂，两目正视前方，颈要直，面要正，下颏微收（图 1）。

用心想肩井穴，再想曲池穴，气到下丹田（图 2）。

图 2

图 3

用心想少海穴，再想后溪穴，气到涌泉穴，身体重心移至两前脚掌（图3）。

图 4

用心想后溪穴上找列缺穴，气从小腿肚上行经大腿、腰椎、胸椎、颈椎至玉枕穴，重心在两脚之间（图4）。

图 5

下颚回收，舌顶上腭，想膻中穴，气下行至下丹田（图5）。

两目逐渐视向右前方，使身体的重心慢慢转向右脚（图6）。

图6

图7

随着眼视向左前方，左脚虚起向左漂去，左脚大拇趾着地（图7）。

随着眼向右视，左脚的二拇趾、三拇趾慢慢着地（图8）。

图8

随着眼向右视的移动，左脚的四拇趾和小拇趾逐渐着地（图9）。

图 9

随着眼向左回视的移动，左脚的前脚掌着地（图10）。

图 10

随着眼视向正前方，左脚全脚着地（图11）。

图 11

第一势　起势

图 12

两脚逐渐地踏实，想左手的食指去指左脚的大敦穴，全身感觉很整（图 12）。

图 13

两目视正前方，用心想两手的内劳宫穴，两臂自然漂起，形成前掤之劲（图 13）。

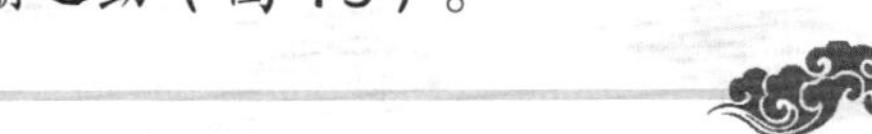

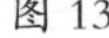

图 14

两目视正前方，用心想两手的大陵穴，两腕上掤（图 14）。

两目视正前方，用心想两大陵穴去找内劳宫穴，两手继续上掤（图 15）。

图 15

两目视正前方，用心想两手的食指、中指、无名指的指肚去找内劳宫穴，两手形成前上掤（图 16）。

图 16

两目视正前方，用心想膻中穴，两臂形成前掤之劲（图 17）。

图 17

两目视正前方，用心想两肩井穴，两臂形成回采之劲（图18）。

图 18

图 19

两目视正前方，用心想两手的外劳宫穴，然后两目回扫一下两手背，两手形成沉采之劲（图 19）。

图 20

两目视正前方，先用心想曲池穴，再沉肘，两臂形成回下采之劲（图 20）。

两目视正前方，用心想一下肩井穴和两膝盖，两手大拇指贴近两大腿外侧（图 21）。

图 21

第二势 揽雀尾

两目视正前方，想一下沉右肩（图 22）。

图 22

用心想左肩井穴去找右环跳穴，随着重心右移，两目逐渐视向右前方（图 23）。

图 23

用心想左肩井穴找到了右环跳穴，重心基本落于右腿，两目视向右前方，左手有向右前锉之感（图24）。

图24

图25

等左手小拇指指肚有气感之后，想用左小拇指指甲右前指指肚托天（图25）。

等左手的无名指有气感之后，想用无名指指甲盖的右前指指肚托天（图26）。

图26

等左手中指有气感之后，想用中指指甲盖的右前指指肚托天（图27）。

图 27

等左手食指有气感之后，想用食指指甲盖的右前指指肚托天，两目随着重心的移动转向正前方（图28）。

图 28

等左手大拇指有气感之后，想用大拇指指甲盖的右前指指肚托天，目视向正前方（图29）。

图 29

等左手前掌有气感之后，想用前掌托天，左脚虚起（图30）。

图 30

等左手掌心有气感之后，想用掌心托天，左脚虚起（图31）。

图 31

等左手根有气感之后，想用掌根托天，左腿虚起前漂（图32）。

图 32

图 33

两眼视向左手虎口靠近食指的远方，左脚虚，脚尖翘起，右手随着重心的转移自然合扶在左肘处，形成左抱七星（图 33）。

图 34

两目视正前方，想一下左膝盖，左腿沉，左脚底板着地（图 34）。

图 35

两目视正前方，想左膝盖去找脚尖，重心逐渐移向左腿与左脚，左臂逐渐横落（图 35）。

两目视正前方，想夹脊穴去找前涌泉穴，左臂横落在胸前，右手内劳宫穴扶在左手脉门上，形成右打挤（图 36）。

图 36

图 37

两目逐渐向右视，右手顺着左手大拇指的方向右上采，左膝内侧发热、发沉（图 37）。

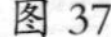

图 38

两目视向西南，左小腿发沉，左脚大拇趾发胀（图 38）。

图 39

两目视向正西方，左腿发沉、发胀，左脚大拇趾虚起（图39）。

图 40

两目视正西方，重心不变，以左脚跟为轴，左脚脚尖转动（图40）。

图 41

两目视正西方，以左脚跟为轴，左脚脚尖转向西方（图41）。

两目视正西方，右手小拇指指肚尖托天，左手随着右手腕的转动而移动（图 42）。

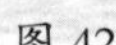

图 42

图 43

两目视正前方，无名指指肚尖托天（图 43）。

两目视正前方，想右手中指指肚尖托天（图 44）。

图 44

两目视正前方，想右手食指指肚尖托天（图 45）。

图 45

两目视正前方，想右手大拇指指肚尖托天（图 46）。

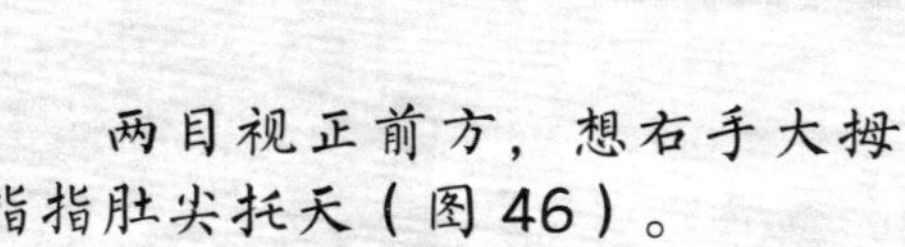

图 46

两目视正前方，想右手大拇指右侧托天，右脚感觉要虚起（图 47）。

图 47

两目视正前方，想右手掌根托天，右脚自动漂上一步，脚尖翘起，形成右抱七星（图48）。

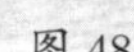

图 48

图 49

两目视正前方，想一下右膝盖，右腿发沉，右脚掌着地（图49）。

两目视正前方，想右膝盖去找右脚脚尖，重心逐渐落于右脚，两臂与手随着身体移动而下落（图50）。

图 50

两目视正前方，想夹脊穴去找右脚涌泉穴，两手和两臂随着体重的前移而继续下落（图 51）。

图 51

两目视正前方，想夹脊穴找涌泉穴，右臂横落胸前，左手内劳宫穴扶于右手脉门上，形成左打挤之劲（图 52）。

图 52

两目视正前方，小腹下沉，左手劳宫穴压在右大拇指根部（图 53）。

图 53

两目视正前方，右大拇指有气感后想大拇指冲向前喷火，左手随着右手腕的转动而移动（图54）。

图 54

图 55

两目视正前方，右手食指有气感后，想食指冲向前喷火，左手随着右手腕的转动而移动（图55）。

两目视正前方，右手中指有气感后，想中指冲向前喷火，左手随着右手腕的转动而转移（图56）。

图 56

两目视正前方，无名指有气感后，想无名指冲向前喷火，左手随着右手腕的转动而跟随（图 57）。

图 57

两目视正前方，右手小拇指有气感后，想小拇指冲向前喷火，左手随着右手腕的转动而跟随（图 58）。

图 58

两目视前方，想一下合谷穴，右臂有回蹬之感（图 59）。

图 59

两目随着想合谷穴产生的后蹬之感向右后视，重心自然后移（图60）。

图 60

两目视右后方，右肘有气感之后，想沉肘，右脚脚尖自然翘起，左手指扶在右手腕处（图61）。

图 61

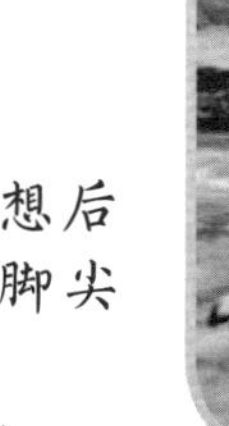

右手小拇指有气感后，想后溪穴，右手自然下沉，右脚脚尖自然翘起（图62）。

图 62

两目逐渐向左回视，想后溪穴去找气冲穴，身体自然向左转动（图 63）。

图 63

两目转视西南方，感到后溪穴找到气冲穴后，重心基本落在左腿上，右手的小拇指与无名指有气感，左手指扶在右脉门上（图 64）。

图 64

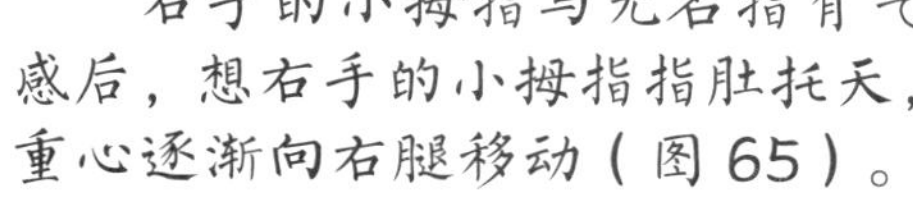

右手的小拇指与无名指有气感后，想右手的小拇指指肚托天，重心逐渐向右腿移动（图 65）。

图 65

右手的无名指有气感后，想右手的无名指指肚托天，眼神与重心继续向右移动，左手指扶在右手脉门上（图66）。

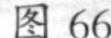

图 66

图 67

右手中指有气感之后，想中指指肚托天，眼神与重心继续向右移动（图67）。

右手食指有气感后，想右手食指指肚托天，眼神与重心继续自然向右移动（图68）。

图 68

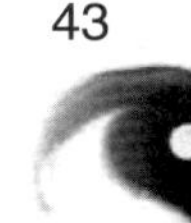

右手大拇指有气感后，想大拇指指肚托天，眼神与重心继续向右移动（图69）。

图69

右手手指都有气感后，想右前掌托天，目视正西方，重心继续向右腿移动（图70）。

图70

右掌心有气感后，想右手掌心托天，重心继续向右腿移动，目视西方（图71）。

图71

右掌根有气感后，想右掌根托天，重心基本移到右腿上，目视正前方，左手手指扶在右手手腕左侧（图 72）。

图 72

图 73

身体感到气劲很整时，想一想合谷穴，有一种回蹬之劲（图 73）。

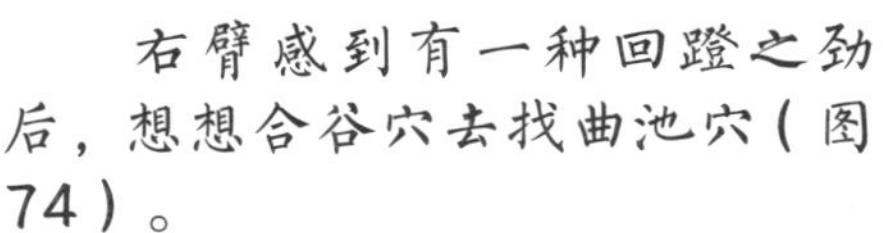

右臂感到有一种回蹬之劲后，想想合谷穴去找曲池穴（图 74）。

图 74

图 75

右臂有回蹬之感后，目随着感受回视右方，重心后移（图75）。

图 76

两目右后视，重心后移至左腿，右脚脚尖虚翘起，左手手指扶在右手脉门上（图 76）。

图 77

两目逐渐向左视，想右手指指甲盖贴地皮，上身自动向左转（图 77）。

两目视向正南方，两手随着身体正面转向南方而移动，右脚脚尖转向正南方（图78）。

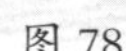

图78

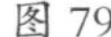

两目视正前方，想右手大拇指指尖指右手地仓穴，重心逐渐向左移动（图79）。

图79

两目视正前方，想右手大拇指指尖指左手地仓穴，重心继续向左移动（图80）。

图80

两目视正前方，想尾骶骨去找右脚跟，重心下移，两膝屈蹲（图81）。

图81

两目视正前方，想膻中穴，感到右臂前撑，气到右手掌，全身感到很整。左手指指肚扶托右手脉门上（图82）。

图82

第三势 搂膝拗步

两目从正前方视向右手小拇指上前方，两手追眼神带动身体微右转（图83）。

图83

两目回视正前方，想右手后溪穴（图84）。

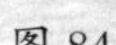

图84

图85

两目向左视，右手追眼神，右手中指指尖去找左手中指指尖（图85）。

两目视向东南，两手中指指尖相合（图86）。

图86

两目视正东，左手追至正东，重心在右腿（图 87）。

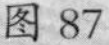

图 87

两目视左前下，用心想左手外劳宫穴，左手有下按之劲，左脚虚（图 88）。

图 88

两目视左手，上身转向正东方，左脚漂起（图 89）。

图 89

两目视左手，用心想右手虎口找耳门穴，左脚脚尖漂向正东方，脚跟着地（图 90）。

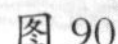
图 90

图 91

两目视右手食指第一节，左脚左跨一步，脚跟着地（图 91）。

两目平视正东方，右手自动追眼神，重心微前移，左脚跟落地（图 92）。

图 92

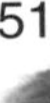

两目视正东方，左手有气感后，想左手搂膝，重心又微前移，左脚板落地（图93）。

图 93

两目视正前方，想左肘搂膝，重心又微前移至左小腿（图94）。

图 94

两目视正前方，用心想左肩搂膝，身体重心又微前移，至左腿（图95）。

图 95

两目视正前方，用心想一下夹脊穴，右脚跟自动外摆，重心继续前移（图96）。

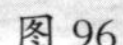
图 96

图 97

两目视正前方，用心想沉右肩，重心继续前移，气到右肘（图97）。

图 98

两目视正前方，用心想沉右肘，气到右手，重心继续前移，成左弓步（图98）。

两目视正前方，用心想右手合谷穴，气感到指尖，重心微前移（图99）。

图 99

两目视正前方，用心想右脚的照海穴，身体重心前移，右脚跟自动外摆。左手掌有按地的感觉（图100）。

图 100

第四势　手挥琵琶

两目视前下方，想一下右手大拇指指甲盖，右手有前下按之气感（图101）。

图 101

两目视前下方，用心想右手合谷穴，右臂有回蹬之感，顺着感觉，重心后移（图 102）。

图 102

图 103

两目视前下方，想一下沉右肘，身体重心继续后移（图 103）。

两目视前方，用心想一下小腹，左手自动向上抬（图 104）。

图 104

图 105

两目视前方，用心想回收小腹，左臂自动向上抬起（图105）。

图 106

两目通过左手大拇指与食指之间视向前方，左手食指指尖自动抬起与鼻尖同高，右手自动下降，扶在左肘弯处，身体重心后移至右腿，左脚脚尖翘起。形成左抱七星（图106）。

图 107

两目向下视右脚前20厘米处，用心想右手去追眼神，身体重心微前移（图107）。

两目下视，右手追眼神自动转动下落，重心微前移，右手背有接近地皮之感（图 108）。

图 108

图 109

两目向下视，右手追眼神，用心想右手指指甲盖贴地皮，重心继续前移（图 109）。

两目向下视，用心想右手背贴地皮，插向左脚，重心继续微前移（图 110）。

图 110

两目向下视，用心想右手背贴地皮，插向左脚板下，重心又继续前移（图 111）。

图 111

两目顺右手插过左脚板的方向看，身体重心移至左脚，踏实（图 112）。

图 112

两目顺着右手手指所指的方向左视向远方，右脚有要虚起的感觉（图 113）。

图 113

两目从左远方逐渐向左前视，身体重心微前移，右脚跟虚起（图114）。

图114

图115

两目视向左前远方，身体重心自动前移，上身展起，右脚板自动漂起，右手自动微下落（图115）。

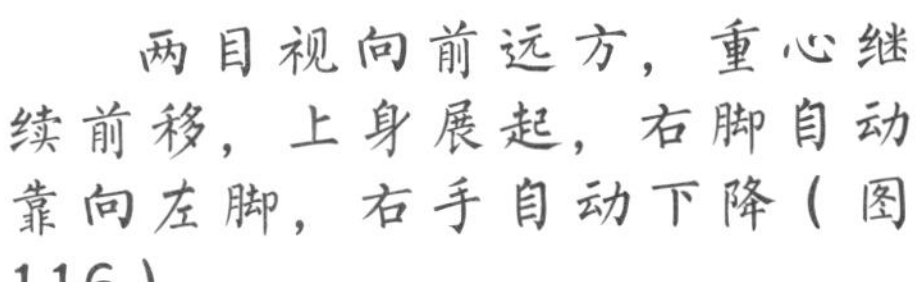

两目视向前远方，重心继续前移，上身展起，右脚自动靠向左脚，右手自动下降（图116）。

图116

两目从前方又视向左前远方，身体展直，右脚靠左脚，右手自动降至肚脐右上沿贴紧，右臂有后捋之感（图117）。

图 117

图117的侧面图（图118）。

图 118

第五势　野马分鬃

两目视前方，用心想沉左肩（图119）。

图 119

两目视前下方，用心想沉肘，左臂自动逐渐下落（图 120）。

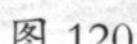

图 120

图 121

两目微视前下方，用心想左手的合谷穴，左臂继续下落（图 121）。

两目视下方，用心想左手去找右腿阳陵穴，上身微下屈，重心微向右腿移动（图 122）。

图 122

图 123

两目视前下方，用心想左手外劳宫穴去找右腿阳陵穴，重心继续向右腿移（图 123）。

两目视前下方，用心想右手虎口去上找左耳门穴，重心移至右腿，左脚虚起（图 124）。

图 124

两目视前下方，用心想右肘尖去找右膝盖，左脚自动漂起向前一小步，脚跟着地（图 125）。

图 125

两目视前下方，用心想沉左肩，重心微前移动，左脚板着地（图 126）。

图 126

图 127

两目前下视，用心想沉左肘，左前臂微自动向上抬起，身体重心向前移动，形成左弓步（图127）。

两目微向前视，用心想左手的后溪穴，左臂继续微自动向上抬，重心继续向前移动（图128）。

图 128

两目向前视，想左手后溪穴向前上追眼神（图 129）。

图 129

两目转视右前，感到左肩井穴发沉（图 130）。

图 130

玉枕扛大包，回身看右手，形成左靠劲（图 131）。

图 131

两目视右前下，用心想右手去摸右膝盖，重心自动微前移（图132）。

图 132

图 133

两目视前下，用心想右手去摸左膝盖。重心继续微前移（图133）。

两目视左前下，用心想右手外劳宫穴去找左腿阳陵穴，重心继续前移，右脚板虚起（图134）。

图 134

用心想左手虎口向上去找右耳门穴，右腿虚漂起（图135）。

图 135

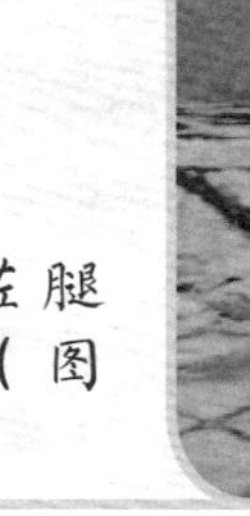

想右手外劳宫穴去找左腿的阳陵穴，右脚自动前漂（图136）。

图 136

用心想左肘尖去找左膝盖，右脚自动向前漂出一步（图137）。

图 137

两目前下视，用心想沉右肩，身体重心微前移（图 138）。

图 138

两目微视向前下，想沉右肘，重心继续微前移（图 139）。

图 139

两目视向前方，用心想右手后溪穴，重心继续前移，右前臂自动向上抬起（图 140）。

图 140

两目继续向前视，想右手后溪穴向前上追眼神，右臂自动抬起（图 141）。

图 141

感到右肩井穴发沉时，玉枕扛大包，回身看左手，形成右靠劲（图 142）。

图 142

第六势 玉女穿梭

两目视前下方，用心想左手去摸左膝，身体重心微前移（图 143）。

图 143

两目视右脚前，用心想左手去摸右膝，重心继续前移（图144）。

图 144

两目视右前下，用心想左手去托右肘，重心继续前移，左腿逐渐虚（图145）。

图 145

两目视右前下右肘底的左手指尖，用心想用身走，右肘去挡看到的左指尖，重心继续前移，左腿松，左腿起，脚尖着地（图146）。

图 146

两目逐渐向前视，用心想左手的小拇指指尖肚托天，重心继续前移，左脚自动向前漂动（图147）。

图 147

两目继续转向东前视，用心想左手的无名指指尖肚托天，重心继续前移，左脚漂至与右脚齐（图148）。

图 148

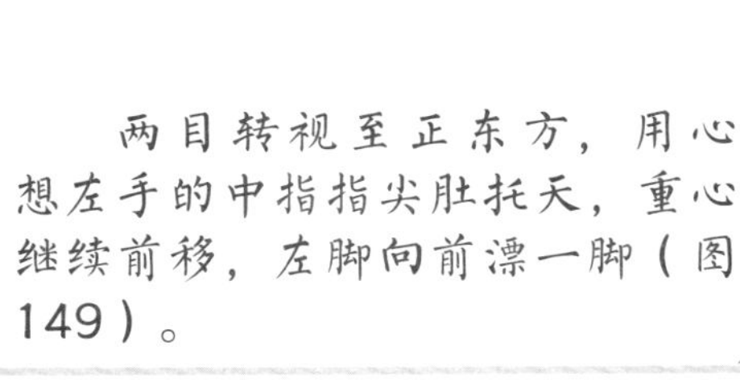

两目转视至正东方，用心想左手的中指指尖肚托天，重心继续前移，左脚向前漂一脚（图149）。

图 149

两目视前方，用心想左手食指指尖肚托天，重心继续前移，左脚又向前漂出一脚，脚跟着地（图150）。

图 150

图 151

两目视前方，用心想左手大拇指指肚托天，重心继续前移，左脚掌着地（图151）。

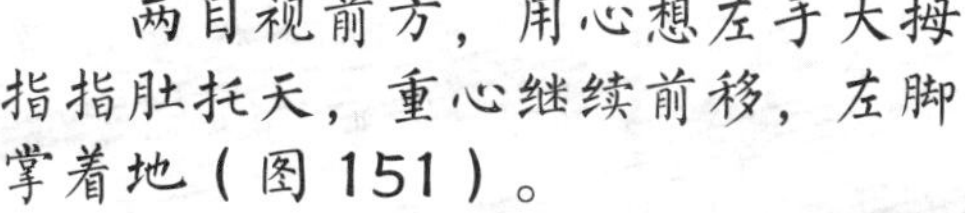

两目视前方，用心想左手的前掌托天，重心继续前移，左脚踏实（图152）。

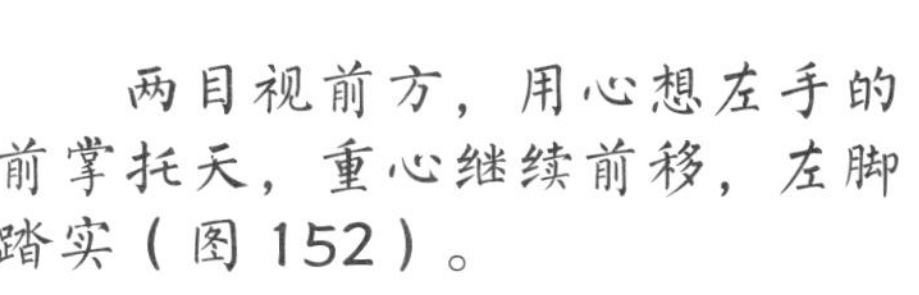

图 152

图 153

两目前视，用心想左手掌心托天，重心继续前移，形成左弓步（图 153）。

图 154

两目视前方，用心想左手掌根托天，重心基本前移至左脚，右腿空（图 154）。

图 155

两目前视，用心想左手的合谷穴，左小臂有回收之感（图 155）。

两目视前方，用心想合谷穴回找肩髃穴，左后臂有回蹬之感，重心后移，左腿虚，左脚脚跟着地，脚尖上翘（图 156）。

图 156

图 157

两目回视左肩髃穴，重心微后移，左臂有回捋之感，左脚有漂起之感（图 157）。

两目视左手的大陵穴，重心微前移（图 158）。

图 158

两目经过左手大陵穴逐渐向左臂下正北远视，重心前移（图159）。

图 159

两目视向正北远方，用身带动右手去追眼神，重心逐渐向左脚移（图160）。

图 160

两目视正北远方，用心想，身体带动右手追至北方，重心基本移至左脚，形成了玉女穿梭第一梭（图161）。

图 161

两目逐渐向右回视，重心微向后移（图 162）。

图 162

图 163

两目视向东南，重心逐渐向右后移（图 163）。

两目视向正南，身体随眼神转动，重心再微向后移（图 164）。

图 164

两目视向西南，重心不变，左脚的重心落在左脚跟上，右手掌心随着身体的转动逐渐转向上（图165）。

图 165

两目视向正西，身体重心不变，随眼神转动，右脚掌尖随着身体转动漂向南（图166）。

图 166

两目视向西北，身体右转，重心落在左脚跟，以左脚跟为轴，左脚脚尖右扣（图167）。

图 167

两目视向正北，左腿屈坐，两膝夹紧，左臂外撑，左手指指甲去找右耳，右手掌心向上，后溪穴紧贴左肋，形成了双龙盘玉柱势（图 168）。

图 168

两目视正北方，用心想沉左肩，重心自然左移（图 169）。

图 169

两目视向西南方，用心想沉左肘，重心继续左移（图 170）。

图 170

图 171

转身回头看左手，重心继续左移，左手有下按之感（图 171）。

图 172

两目微向右视，用心想左前臂下右手小拇指指头肚托天，右脚有虚起之感（图 172）。

图 173

两目慢慢右视，用心想左手下的右手无名指指头肚托天，右脚漂起（图 173）。

两目继续慢慢右视，用心想左手下的右手中指指头肚托天，右脚向右漂出一步（图 174）。

图 174

图 175

两目继续右视，用心想左手下的右手食指指头肚托天，重心继续右移（图 175）。

两目继续右视，用心想左手下的右手大拇指指头肚托天，重心继续右移（图 176）。

图 176

两目视西方，用心想右手的前掌托天，重心继续前移，右腿弓（图177）。

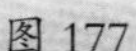

图 177

两目视右前方，用心想右手的掌心托天，重心继续前移，右腿弓（图178）。

图 178

图 179

两目视右前方，用心想右手的掌根托天，重心移至右脚，左腿空，左脚有虚起之感，但脚板不能离地（图179）。

两目视右前方，用心想右手的合谷穴，右前臂有回捋之感（图180）。

图 180

图 181

两目视向西方，用心想右手的合谷穴回找肩髃穴，右臂有回蹬之感，重心微后移（图 181）。

两目随着右臂的回蹬之劲视肩髃穴，身体重心基本移至左脚，右脚脚尖虚起（图 182）。

图 182

图 183

两目回视右手大陵穴下方，重心微前移，右脚掌落地（图 183）。

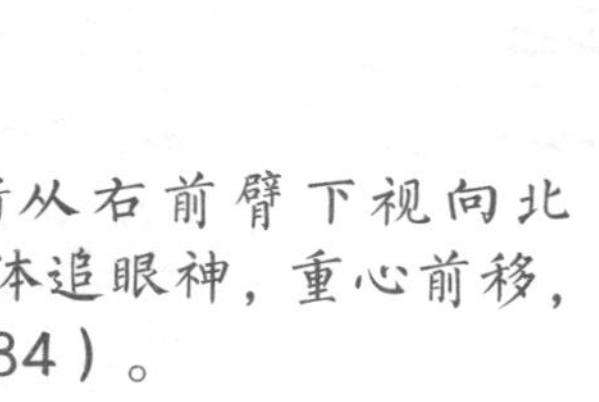

两目逐渐从右前臂下视向北方，左手随身体追眼神，重心前移，右腿屈（图 184）。

图 184

两目通过右肘下视向北面远方，左手随上身追向北方，左手掌心向北，两手虎口上下相对，重心移至右脚，左腿空蹬，形成了玉女穿梭第二梭（图 185）。

图 185

两目顺右手手指指的方向看，身体随着眼神微转动（图186）。

图 186

图 187

两目顺右手手指指的方向视向西方，身体随着眼神微转动（图187）。

两目顺着右手手指指的方向视向西南，身体重心转移至右脚（图188）。

图 188

两目回视西方，重心后移，右手有反捋之感（图 189）。

图 189

两目视向西北，右臂有回蹬之感，身体重心后移，右脚脚尖虚起（图 190）。

图 190

两目视向正西方，左手前伸与右臂交叉，重心移至左脚，右脚欲漂起，脚跟着地，脚尖翘起（图 191）。

图 191

两目视向西南，左臂从右肘处继续前伸，右脚向左漂出 10 厘米，重心移至左脚，两膝靠紧，右脚脚尖翘起，形成六爻卦象（图 192）。

图 192

图 193

两目视向左下方，用心想右手随屈身去找左腿阳陵泉穴（图 193）。

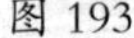

两目视向左下方，右手外劳宫穴贴在左腿阳陵泉穴上，用心想左手上找右耳门穴，左肘尖对准左膝盖，右脚自动右跨 10 厘米（图 194）。

图 194

两目视向前方，用心想沉右肩，重心前移，右脚着地（图 195）。

图 195

两目继续向前视，用心想沉右肘，重心继续前移（图 196）。

图 196

两目继续向前视，用心想右手的后溪穴向前上追眼神，重心继续前移（图 197）。

图 197

两目左前视，感到右肩井穴发沉时，玉枕扛大包，回身看左手，形成右靠劲（图 198）。

图 198

图 199

两目左前下视，用心想左手去摸左膝，重心微前移（图 199）。

两目前下视，用心想左手去摸右膝，重心继续前移（图 200）。

图 200

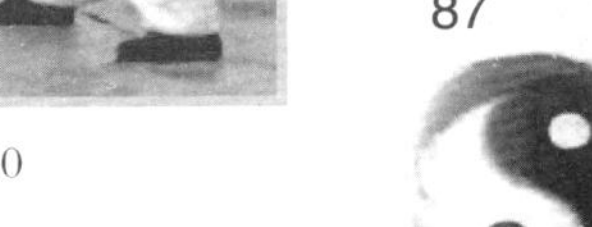

两目前下视，用心想左手去托右肘，重心前移至右脚，左腿虚，左脚跟离地（图201）。

图201

两目右前下视左手指尖，用心想右肘去挡左手指尖，重心前移，左脚靠向右脚（图202）。

图202

两目视向前方，用心想左手小拇指指头肚托天，重心前移，左脚自动漂向前一步（图203）。

图203

两目前视，用心想左手无名指指头肚托天，重心前微移，左脚落地（图 204）。

图 204

图 205

两目前视，用心想左手中指指头肚托天，重心继续前微移（图 205）。

两目前视，用心想左手食指指头肚托天，重心继续前微移（图 206）。

图 206

两目视前方，用心想左手大拇指指头肚托天，重心继续前微移（图 207）。

图 207

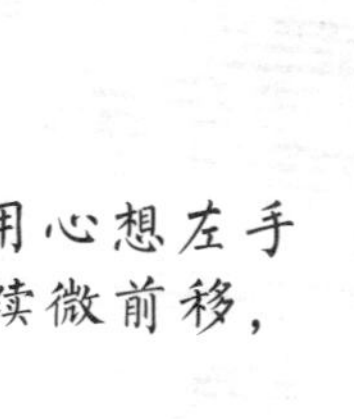

两目视向左前，用心想左手的前掌托天，重心继续微前移，左腿微弓（图 208）。

图 208

两目视左前，用心想左手的掌心托天，重心继续微前移，左腿成弓步（图 209）。

图 209

两目视左前方，用心想左手的掌根去托天，重心继续前移，右腿直空，重心基本移至左腿（图 210）。

图 210

两目视左前方，用心想左手的合谷穴，左前臂有回捋之感，重心微后移（图 211）。

图 211

两目视左前，用心想左手的合谷穴回找左肩的肩髃穴，左大臂有回蹬之感，顺着回蹬之感，重心继续后移，左脚脚尖虚起（图 212）。

图 212

两目回视左肩髃穴，重心继续后移，左腿虚起（图213）。

图 213

两目从左手大陵穴逐渐向肘下看南方，重心前移（图214）。

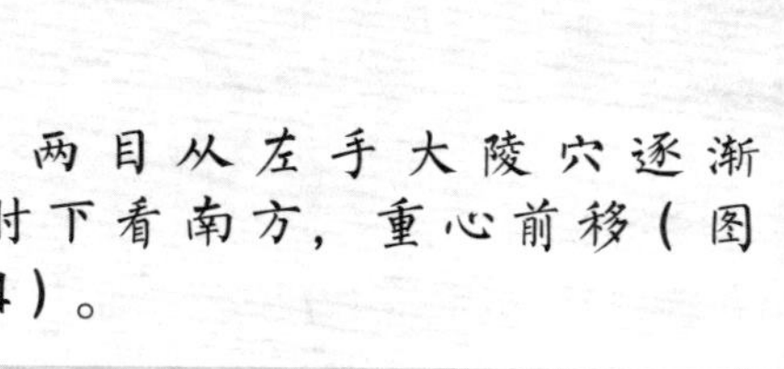

图 214

两目从左肘下视南方，重心前移，重心落于左脚，左腿弓（图215）。

图 215

两目通过肘下视正南远方，上身带动右臂追眼神，两手虎口上下相对，形成了玉女穿梭第三梭（图 216）。

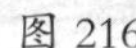
图 216

图 217

两目逐渐向右视，重心逐渐向右后移动（图 217）。

图 218

两目视向西北，上身微向右转，重心微后移（图 218）。

两目视向北方，上身微右转，重心左移，右脚跟虚（图 219）。

图 219

两目视向东方，上身继续微右转，右脚掌为轴，脚跟左转，重心落在左脚，以脚跟为轴，左脚脚尖右扣（图 220）。

图 220

两目视向东南，上身继续微右转，后坐，两膝靠紧，右手心向上，后溪穴紧贴左肋，左臂横盘眼前，外展撑，手心向外，指甲盖找右眉梢，形成第二个双龙盘玉柱（图 221）。

图 221

两目视东南方，用心想沉左肩，重心逐渐微后移，上身微转动（图 222）。

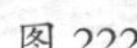

图 222

图 223

两目视向东方，用心想沉左肘，重心继续后移（图 223）。

图 224

上身微左转，回头看左手背，重心落在左腿上，右脚虚起（图 224）。

图 225

两目向右视，用心想右手小拇指指头肚托天，右脚向右前漂出一步（图 225）。

图 226

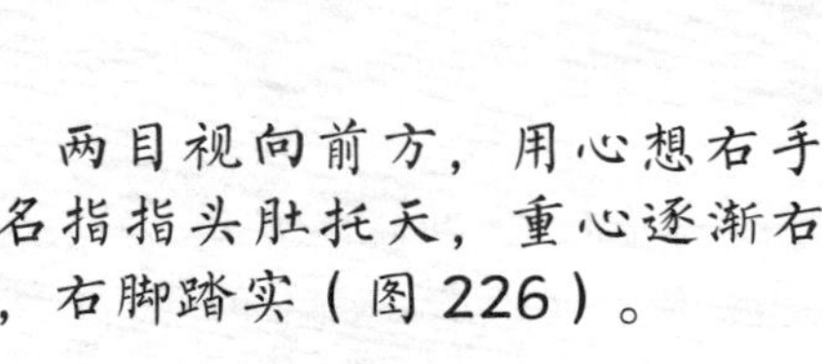

两目视向前方，用心想右手无名指指头肚托天，重心逐渐右移，右脚踏实（图 226）。

图 227

两目视前方，用心想右手中指指头肚托天，重心继续右移，左脚掌为轴，脚跟后左摆，右腿屈（图 227）。

两目视向右前方，用心想右手食指指头肚托天，重心继续右移（图 228）。

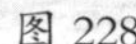

图 228

图 229

两目视向右前，用心想右手的大拇指指头肚托天，重心继续右前移（图 229）。

两目视右前，用心想右手的前掌托天，重心继续前移（图 230）。

图 230

图 231

两目视右前，用心想右手的掌心托天，重心移至右脚，右腿弓（图 231）。

图 232

两目视右前，用心想右手的掌根托天，重心继续前移，左脚有虚起之感，但不能离地（图 232）。

图 233

两目视右前，用心想右手的合谷穴回找肩髃穴，右臂有回蹬之感，顺着感觉重心后移，右脚虚起（图 233）。

两目回视右肩髃穴，重心移至左脚，左腿屈，身后坐，右腿空，脚尖翘起（图 234）。

图 234

两目视向右手腕下，重心逐渐前移（图 235）。

图 235

两目通过肘下视向南方，重心微前移，右腿弓（图 236）。

图 236

图 237

两目通过肘下视向南方，上身右转带动左手追眼神，两手虎口上下相对，左脚有点虚起之感，但不离地，形成玉女穿梭第四梭（图 237）。

第七势　肘底看捶

图 238

两目顺右手指尖指的方向视，重心逐渐前移（图 238）。

图 239

两目顺右手指尖指的方向看向东，重心继续前移（图 239）。

两目顺右手指尖指的方向视向东北，重心继续前移（图240）。

图 240

图 241

两目顺右手指尖指的方向视向东北方地面，重心继续前移（图241）。

两目视向东北远方地面，像抓钩一样回拉，两手有回采之感。重心继续微前移（图242）。

图 242

两目视点逐渐回拉至右脚前，重心继续前移（图 243）。

图 243

两目视前下，顺着两手回采之感前移，重心落在右腿、脚上，左脚漂向前（图 244）。

图 244

两目视前下，用心想左手找左环跳穴，左脚向前漂出半步（图 245）。

图 245

两目视前下，用心想右手找左膝盖，左脚继续前漂半步（图246）。

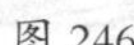
图 246

图 247

两目视前下方，用心想右手握拳，左脚落地（图247）。

两目视前下方，用心想左手握拳，重心继续前移，左腿弓（图248）。

图 248

图 249

两目前下视，用心想右手握拳，重心继续前移（图 249）。

两目微前视，用心想左右两拳同时分别找左环跳和膝盖，重心移至左腿、脚，右腿空，右脚微移动（图 250）。

图 250

抬身两目视前方，重心后移，右臂转拳心向上（图 251）。

图 251

两目视向前上方，用心想左拳向前上追眼神，重心继续后移（图 252）。

图 252

图 253

两目视前上，左拳向前上追至与肩同高，重心继续后移，右腿弓屈，左脚脚尖翘起（图 253）。

两目视前方，用心想左拳追眼神，右拳带至左肘下 10 厘米处，左脚脚尖翘起（图 254）。

图 254

两目视前方，用心想尾骶骨找后脚跟，身体下坐，意在左脚跟处，右拳眼对左肘尖（图 255）。

图 255

第八势　金鸡独立

两目视向左脚，重心微前移（图 256）。

图 256

两目视左下方，用心想右手虎口反扣左脚面，重心继续前移（图 257）。

图 257

两目从腋下向左后视，重心继续前移，左脚踏实（图258）。

图 258

两目从腋下向左后视，右手在上身带动下去追眼神，左弓腿（图259）。

图 529

两目视向左脚跟，重心继续前移（图 260）。

图 260

两目视左脚跟，上身催右手去追眼神，重心移至左腿、脚，右手虎口贴左胯，左手掌心向上，后溪穴紧贴肩髃穴（图 261）。

图 261

两目随身体回转视前下，重心微右后移（图 262）。

图 262

两目视向前方，右臂展起，重心微前移（图 263）。

图 263

两目前视，左手顺右臂前削，重心移向左腿，右脚跟虚起欲前漂（图 264）。

图 264

图 265

两目前视，左手削向右手腕大陵穴处，重心继续前移，右脚漂向左脚（图 265）。

两目视前方，用心想右手中指和食指指天（图 266）。

图 266

图 267

两目视前方，右手的中指和食指指向天空，右腿随右手二指的指天自动提起，左手微下落（图267）。

图 268

两目视前方，右手二指指向天空，右腿屈提膝与大腿平，右脚掌微斜向左，左手掌相对右脚掌，形成了左金鸡独立势（图268）。

图 269

两目视向右脚面，右腿自动下落（图269）。

两目视前下方，用心想左手虎口去反扣右脚面，右脚跟着地（图 270）。

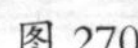
图 270

图 271

两目视前下，用心想左手虎口去反扣住了右脚面，重心前移（图 271）。

图 272

两目从右腋下向右后视，重心继续前移（图 272）。

图 273

两目视向右后方，用心想左手去追眼神，重心继续前移（图 273）。

两目从右臂上后视左脚跟，重心继续前移（图 274）。

图 274

图 275

两目视左脚跟，用心想左手去追眼神，重心基本移至右脚（图 275）。

两目视左脚跟，左手心向下追至与右胯紧贴，右手心向上，后溪穴紧贴肩髃穴，右腿弓，重心基本移至右脚（图 276）。

图 276

图 277

上身转，两目视向前下方，重心微后移（图 277）。

两目视向前方，左臂展起，重心前移（图 278）。

图 278

两目视前方，用心想右手削左臂，重心继续前移，左脚虚起前漂（图279）。

图 279

两目视前方，用心想右手手指指天，左腿自动漂提起，右手微下落（图280）。

图 280

两目视前方，左手中、食二指指向天空，左腿自动漂提起，脚心微向右，右臂下落，右手心对向左脚掌，形成了右金鸡独立势（图281）。

图 281

第九势 倒撵猴

两目视前方，用心想一下右手，上身有下落之感（图282）。

图 282

图 283

两目视前方，用心想下面的右手指地，左手臂自然下落（图283）。

两目视前下方，用心想下边的右手指入地，上身有继续下落之感，左手自动靠近左耳门穴，右手掌心有向前托之感（图284）。

图 284

图 285

两目视前下方，用心想下边右手的外劳宫穴，右臂自动向前上托起（图 285）。

两目视前下方，用心想膻中穴，上身自然含胸，右掌自动前掖（图 286）。

图 286

图 287

两目去视左手食指第一节。用心想上身带动右手去摸左腿的小腿和脚面，左脚会自动配合（图 287）。

两目视到左手食指第一节，左手微前送，用心想右手搂右膝，左腿、脚会自动下落后退（图288）。

图 288

图 289

两目视向前方，用心想右肘搂右膝，重心后移，左脚后退落地（图289）。

两目视前方，用心想右肩回采找夹脊穴，重心微前移（图290）。

图 290

图 291

两目视前方，用心想沉左肩、左肘和合谷穴，感到气到左臂和手（图 291）。

图 292

两目前视，用心想左脚的照海穴，重心前移，气到左手，右手有按地之感（图 292）。

图 293

两目视向前下，用心想上身带动左手去摸前膝，重心微后移（图 293）。

两目视向前膝，左手摸左膝，左膝不让摸、后退，重心移至后脚，前脚尖虚起（图 294）。

图 294

图 295

两目视向后腿，用心想左手去摸左膝，重心继续后移，右脚脚尖翘起（图 295）。

两目视向左下方，左手摸到左膝，左手感受膝的温度，左膝也感到左手心的热度，重心移到左腿（图 296）。

图 296

两目视向北方，右手虎口靠向右耳门穴（图297）。

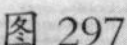

图297

两目视北方，展腰，右手虎口靠近右耳门穴（图298）。

图298

上身回转，两目视向东方，左手被上身回转时带回左前方，右手虎口靠贴右耳门穴（图299）。

图299

两目看一下右手食指第一节，身体微转，然后用心想左手摸膝，重心微左移，右腿自动后漂（图 300）。

图 300

图 301

两目视前方，用心想左肘后搂，右腿、脚继续后漂（图 301）。

两目视前方，左肩后搂，右脚后漂出一步，脚尖点地（图 302）。

图 302

图 303

两目视前方，用心想后夹脊穴，重心后移，右脚掌着地（图303）。

图 304

两目视前方，用心想沉右肩，重心继续后移（图304）。

图 305

两目视前方，用心想沉右肘，重心继续微后移，感到气到手（图305）。

两目视前方，用心想右手合谷穴，感到气到手指（图306）。

图 306

图 307

两目视前方，用心想右脚的照海穴，重心微前移，右脚跟外摆（图307）。

两目视向前下方，用心想右手去摸前膝，重心微后移（图308）。

图 308

两目视下方，右手去摸前膝，前膝不让摸、后撤，重心右后移，左脚脚尖翘起（图 309）。

图 309

两目视前下方，用心想右手去摸后膝，重心继续微后移（图 310）。

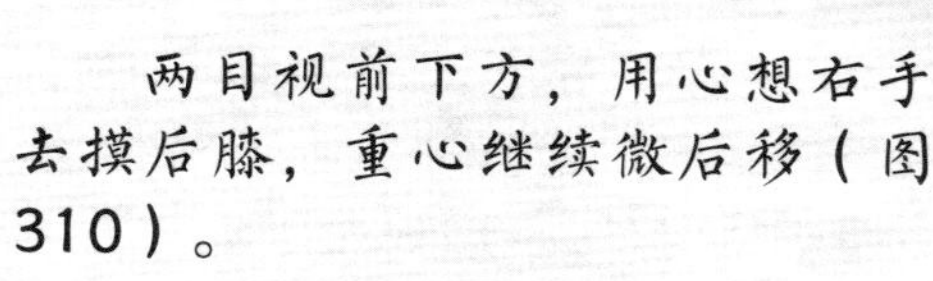

图 310

两目视向右下方，右手摸右膝，右膝感到了右手心的热度，右手心感到了右膝温度（图 311）。

图 311

两目视向右下方，重心移到了右脚上，右手扶在右腿阳陵穴上（图312）。

图 312

图 313

两目视向右前，腰展立起，左手去靠近左耳门穴（图313）。

两目视南面远方，身体展直，左手又微上靠左耳门穴（图314）。

图 314

两目回视东方，身体微左转，左手又继续靠近左耳门穴（图315）。

图 315

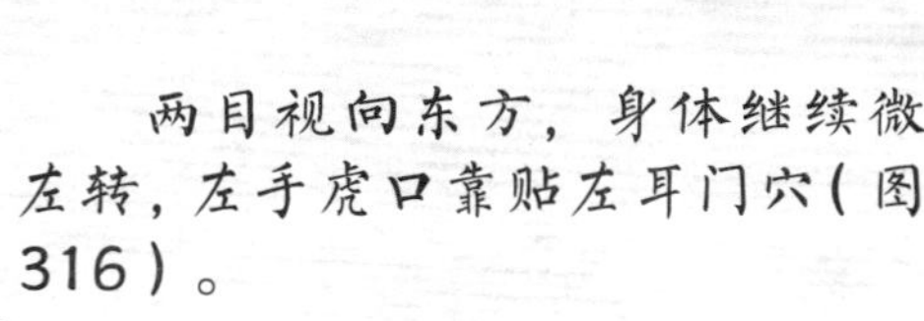

两目视向东方，身体继续微左转，左手虎口靠贴左耳门穴（图316）。

图 316

两目视前方，用心想右手搂右膝，重心微右移（图317）。

图 317

两目视前方，用心想右肘搂膝，重心继续右移，左脚虚起（图318）。

图 318

图 319

两目视前方，用心想右肩搂右膝，左脚向后自然漂出一步（图319）。

两目视前方，用心想背后的夹脊穴，重心微后移（图320）。

图 320

两目视前方，用心想沉左肩，重心继续右移，左腿直，左脚踏实（图 321）。

图 321

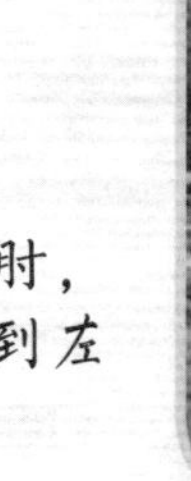

两目视前方，用心想沉左肘，重心微前移，右腿弓屈，气到左手（图 322）。

图 322

两目视前方，用心想左手的合谷穴，重心微前移，气到左手指（图 323）。

图 323

两目视前方，用心想左脚的照海穴，左脚跟微外摆，重心继续前移，右手掌有按地之感（图324）。

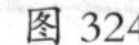
图 324

第十势　斜飞势

两目视向左手合谷穴，身体重心微前移（图 325）。

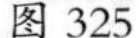
图 325

两目视向左手合谷穴，左手合谷穴不让看，左手向前外滚转，身体重心微前移，右手向后展（图 326）。

图 326

图 327

目视向右脚脚尖，用心想左手食指去指大敦穴，右臂后外展起（图 327）。

图 328

目视向右脚，左手食指指向右脚大敦穴，身体重心微前移，右臂自动上抬（图 328）。

图 329

目视右脚，用心想右手虎口去找左耳门穴，重心微前移于右脚，左脚漂向前与右脚齐（图 329）。

目视前下方，右手虎口找到左耳门穴，左脚继续向前漂（图330）。

图 330

图 331

目视前下方，用心想右肘尖找准右膝盖，左脚继续前漂（图331）。

目视向前下方，用心想沉左肩，重心微前移，左脚轻轻落地（图332）。

图 332

目视向前，用心想沉左肘，重心继续前移（图 333）。

图 333

目视向前远方，用心想左手后溪穴上追眼神，重心继续前移（图 334）。

图 334

目视前远方，用心想左手小拇指指肚上找内劳宫穴，重心继续微左前移（图 335）。

图 335

目视向左前方，用心想左手鱼际穴，重心向左前移，形成斜飞势（图 336）。

图 336

第十一势　提手上势

图 337

两目逐渐视向左前（东南），重心微左移，以右脚跟为轴，脚尖转向正南方（图 337）。

两目逐渐视向正南方，上身带动左臂转动（图 338）。

图 338

图 339

两目视西南方，上身带动左臂继续右转（图 339）。

图 340

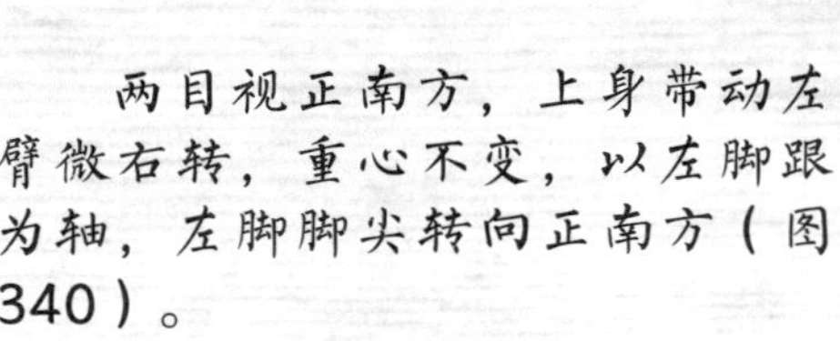
两目视正南方，上身带动左臂微右转，重心不变，以左脚跟为轴，左脚脚尖转向正南方（图 340）。

图 341

两目视正南方，用心想收小腹，右臂自动上抬，左臂向下迎合（图 341）。

两目视正南方，小腹后收，右臂继续自动抬起，重心移至左脚，右脚自动漂起，左手向下迎合至右少海穴，形成右抱七星势（图 342）。

图 342

图 343

两目视正南方，用心想右膝盖去找右脚脚尖，重心前移，右脚板着地（图 343）。

两目视正南方，右膝盖向前找脚尖，重心前移，右前臂逐渐下落（图 344）。

图 344

两目视向正南远方，右臂逐渐横落于胸前（图 345）。

图 345

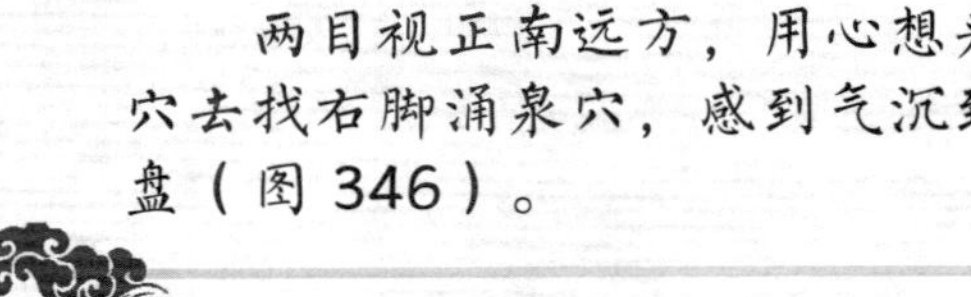

两目视正南远方，用心想夹脊穴去找右脚涌泉穴，感到气沉到下盘（图 346）。

图 346

两目视正南远方，背后的夹脊穴去找涌泉穴，身体重心下沉前移（图 347）。

图 347

两目视正南远方，夹脊穴找到了涌泉穴，右臂横落于胸前，左手手心扶在右手的脉门上，形成左打挤势（图 348）。

图 348

图 349

目视正南方，用心想右手小拇指指尖下垂，左手心与右手脉门贴紧（图 349）。

两目视向前上方，逐渐用心想右手无名指、中指指尖下垂，身体重心慢慢前移（图 350）。

图 350

图 351

两目继续视向上方，用心想右手食指指尖下垂，左右两手上下分离，重心移至右脚，后脚虚起前漂（图 351）。

图 352

两目视向上方，用心想右手内劳宫穴向上追眼神，右臂逐渐向上举起（图 352）。

图 353

两目视头上方，右手食指展直追眼神，身体重心微左移，左手下落至肚脐上沿（图 353）。

两目视头上方，右手中指、无名指、小拇指逐渐展直追眼神，身体重心微前移至两脚掌（图354）。

图 354

第十二势　白鹤亮翅

两目视头上方，用心想右手除大拇指外的其他四指，指尖前指（图355）。

图 355

两目视前上方，用心想右手掌追眼神，上身微前倾，右臂下落（图356）。

图 356

两目视向正南方，右臂下落与眼平，眼视右手外劳宫穴，右手自动转动，手心向外，手指指向东（图357）。

图 357

两目视向前下方，上身前倾，右手外劳宫穴对准百会穴，手指指向东（图 358）。

图 358

两目视向左手的小拇指指甲盖，指甲盖不让看，外转下落，带动上身逐渐前倾（图 359）。

图 359

两目视向左手无名指指甲盖，指甲盖不让看，外转下落，带动上身和右臂逐渐前倾（图360）。

图 360

图 361

两目视向左手的中指指甲盖，指甲盖不让看，外转下落，带动上身和右臂逐渐前倾（图361）。

两目视向左手的食指指甲盖，指甲盖不让看，外转下落，带动上身和右臂逐渐前倾（图362）。

图 362

两目视向左手的大拇指指甲盖，指甲盖不让看，外转下落，带动上身和右臂逐渐前倾（图363）。

图 363

两目视向左手的中指指肚，身体重心微左移（图 364）。

图 364

两目视向左方（东方），用心想左手的外劳宫穴追眼神，感到左臂发沉、重、整（图 365）。

图 365

两目视向东面远方，用心想左手手心向东追眼神，左手自然逐渐抬起，重心微向左移（图366）。

图 366

图 367

两目视向东南方，用心想右脚板贴地，左臂追眼神自动抬起与膻中穴平，形成了白鹤单展翅（图367）。

两目视向左上方，用心想一下左脚板贴地，左臂追眼神自动抬起与肩平，上身展起（图368）。

图 368

两目视向头上方，两臂和手追眼神抬至头上方（图369）。

图369

两目逐渐视向前上方，身体有沉降之感，两手心随着身体沉降之感转向前，形成了双亮翅（图370）。

图370

两目逐渐视向前，用心想右膝盖，重心自动微右移，右腿屈，右手心随之转向内（图371）。

图371

两目视向正前方，用心想一下左膝盖，重心自动左移，左腿屈，左手手心随着也转向内，气随着眼神视前方下降至下丹田，两臂随着气沉下丹田，沉肩沉肘，两手降至与脸平（图 372）。

图 372

第十三势　海底针

图 373

两目视向东南方，用心想右膝盖，身体自动向左转，重心微右移，左脚虚起（图 373）。

两目自动视向前下方，用心想右虎口找右耳门穴，左脚向左漂出一步，脚尖向东，左手随着左脚的漂出自然向左前按出，重心微前移（图 374）。

图 374

图 375

两目视一下右手食指第一节，然后前视，右手追视线，重心微前移，用心想左手搂膝，重心继续微前移（图 375）。

两目视前方，用心想左肘搂膝，重心继续微前移（图 376）。

图 376

图 377

两目视前方，用心想左肩后搂，重心继续微前移（图 377）。

两目视前方，用心想一下收下颏，重心继续微前移（图378）。

图 378

目视正前方，用心想沉右肩，重心继续微前移落在左脚，左腿弓，形成弓箭步（图379）。

图 379

目视正前方，用心想沉右肘，重心继续微前移（图380）。

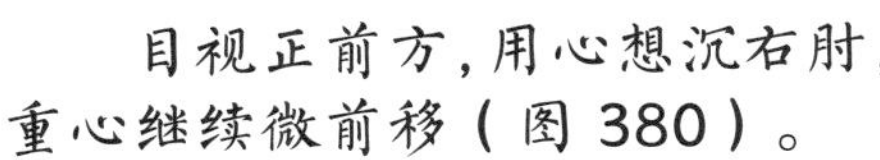

图 380

目视正前方，用心想右手合谷穴，重心微前下移（图381）。

图 381

目视正前方，用心想一下右后脚的照海穴，重心继续前移，右脚跟外摆，左手掌有按地之感（图 382）。

图 382

目视正前方，用心想一下右手合谷穴，右手有下沉之感，重心微后移，左手有下沉入地之感（图383）。

图 383

目视向前下方，用心想左手去托右后脚板，身体重心自动后移，左脚虚起，脚尖翘起微后撤（图 384）。

图 384

图 385

目视前下方，用心想沉右肩，重心微后移，左脚自然撤至右脚前（图 385）。

图 386

目视向两脚前，用心想沉右肘，重心继续后移，左脚撤至右脚左侧与右脚齐（图 386）。

目视前下方，用心想一下右手合谷穴，身体重心下沉，再想一下左手合谷穴找右耳门穴，身体自然向下屈蹲（图387）。

图387

目视前下方，用心想右手后溪穴找右脚的照海穴，身体重心继续下沉，右手手指接近两脚之间的地皮（图388）。

图388

第十四势　扇通背

两目逐渐前视，用心想右手后溪穴去追视线（图389）。

图389

两目逐渐视向前微下方，用心想右手追视线，右臂会自动抬起（图 390）。

图 390

图 391

两目视向正前方（东方），右臂与手追视线至与肩平，上身随着右臂抬起慢慢展起（图 391）。

两目视向东南，身体微右转，左手落于右腋下，手心向上，重心自动移至右脚，左脚虚起漂出一步（图 392）。

图 392

图 393

左手于右腋下托捋右臂，眼神随着左手向前托捋逐渐转视向南，身体重心逐渐前移，左脚脚尖转南，落地踏实（图 393）。

左手托捋至右手时，重心基本移至左脚，左腿弓，右腿虚（图 394）。

图 394

图 395

两目顺着右臂右视，右脚自然虚起，随着重心的右移，右腿自然转动，后撤一脚，脚尖转南落实（图 395）。

两目继续右视，右手随着眼神继续右捋，重心右移（图396）。

图 396

两目视到右肘曲池穴时，右脚踏实，下盘成骑马蹲裆势（图397）。

图 397

两目视到右肘曲池穴时，右手食指指甲盖斜指右眉梢，右手心向外，感觉重心左移时，两目向左转视，感觉气沉下盘（图398）。

图 398

两目视到南方时，用心想右肩井穴斜找左环跳穴，重心向左移动（图 399）。

图 399

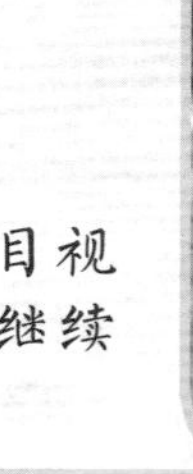

随着重心向左移动，两目视向东南的左掌心方向，重心继续左移下落（图 400）。

图 400

两目视到左掌心方向（东南）时，右臂外展掌心向外，食指斜指右眉梢，用心想右肩井穴找合左环跳穴，四肢有外撑之劲，身体感觉很整，形成扇通背势（图 401）。

图 401

第十五势　云手

图 402

两目视东南，用心想左手的外劳宫穴去追眼神，重心向左前移（图 402）。

图 403

左手追眼神与左肩平时，两目下落视向膝前，重心微左前移（图 403）。

图 404

两目视向左脚前，用心想左手下按去摸左膝，重心逐渐右移（图 404）。

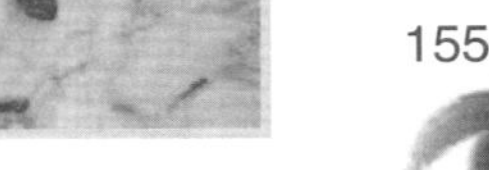

两目视向右脚，用心想左手去摸右膝，重心继续右移，左脚脚尖微向右扣（图405）。

图 405

两目视向右脚外，用心想左手摸右膝，重心继续右移（图406）。

图 406

两目视向右方，用心想右臂与手去追视线，重心继续右移（图407）。

图 407

两目视右方（西方），用心想左手去托右肘，重心继续微右移（图408）。

图408

两目视右方（西方），用心想左手托着了右肘，重心继续微右移（图409）。

图409

两目视右方（西方），用心想右手去下按，重心继续微右移（图410）。

图410

两目视向右前（西南），右手下按，重心继续右移，左腿脚虚，左脚欲离地面（图411）。

图 411

两目视右前（西南），感觉右手按到地皮，重心移至右脚，左脚虚起自然靠向右脚（图412）。

图 412

两目随着重心移向右脚，逐渐向左视，左脚靠拢右脚（图413）。

图 413

两目随着左脚移靠右脚，视向正前方，用心想右手去摸右膝，重心微右移（图414）。

图 414

两目视正前方（南方），用心想右手摸右膝，重心继续微左移，右膝靠贴左膝（图415）。

图 415

两目视向左手前方，用心想右手摸左膝，重心继续微左移（图416）。

图 416

两目视向左方，左臂与手追视线，重心继续微左移（图417）。

图 417

两目视左方（东方），用心想右手去托左肘，重心继续微左移，右脚虚（图418）。

图 418

两目视左方（东方），用心想左手下按，重心微左移，右脚向右漂出一步（图419）。

图 419

两目向右视（南方），左手下按时感觉按着地皮，重心继续微右移，右脚踏实（图420）。

图 420

两目继续向右视（微西南），用心想左手去摸左膝，重心继续右移，右腿弓屈（图421）。

图 421

两目继续向右视，用心想左手摸着了左膝，重心继续右移（图422）。

图 422

两目视向右方（西南），用心想左手摸右膝，重心继续微右移（图423）。

图423

两目视右方（西方），用心想左手摸着了右膝，重心继续微右移（图424）。

图424

两目视右方（西方），用心想左手去找右肘，重心微右移（图425）。

图425

第十六势　单鞭

两目视向西方，用心想左手扶右肘，左脚虚起（图426）。

图 426

图 427

两目视向西南方，用心想左手向前去找右手的大陵穴，重心微左前移（图 427）。

两目视西南方，用心想左手去抚摸大陵穴，虚起的左脚脚尖落地（图 428）。

图 428

两目视西南，右手指下垂拢成梅花指（图 429）。

图 429

两目左视，右手变梅花指回勾，右臂随着两目左视右展，左臂随着两目左视向左滚转，左脚踏实（图 430）。

图 430

两目视向左，左手心外转追视线，重心逐渐左移（图 431）。

图 431

两目视向左前方，用心想沉左肩，重心继续左移（图432）。

图 432

图 433

两目视向左前（东南），用心想沉左肘，气运下盘（图433）。

图 434

两目视东南方，重心随着眼神向左前移，左腿弓（图434）。

两目回视左手合谷穴，重心下沉（图435）。

图 435

两目视向东南，用心想右肩井穴去找合左环跳穴，重心继续左移，左掌心向东南方（图436）。

图 436

两目视东南方，右肩井穴找合左环跳穴，重心继续左移，形成了左弓箭步的单鞭势（图437）。

图 437

收势

图 438

两目逐渐回视右方，重心逐渐右移（图 438）。

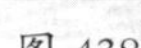

图 439

两目视向南方，重心继续右移（图 439）。

图 440

两目视向西南方，重心继续右移（图 440）。

两目视向西方，右臂追眼神，重心右移，成右弓步（图441）。

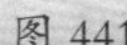

图 441

两目视西方，右手腕外展转，重心继续右移（图442）。

图 442

两目视西方，用心想右手指外捻、展直，重心继续右移（图443）。

图 443

两目视西方，用心想右手掌托天，重心微右移，形成上抱之劲（图 444）。

图 444

两目逐渐视向右边天空，右手掌追视线，重心逐渐向右移至右腿，左脚虚起漂向右脚，带动左手臂抬起（图 445）。

图 445

两目逐渐视向头顶上方天空，带动两手臂跟随眼神内合，左脚靠合右脚，重心微左移（图 446）。

图 446

两目视头顶上空，两手心相对，用心想沉肩，气沉下丹田（图447）。

图 447

两目视上方，用心想沉左肘，两肘内合（图448）。

图 448

两目视上方，用心想沉右肘，两肘下沉内合，形成十字手（图449）。

图 449

两目视上方，用心想两手的合谷穴，两手与前臂下沉落（图450）。

图 450

两目视前远方，用心想两手合谷穴去找合云门穴，两手臂落至与肩平（图451）。

图 451

两目视前远方，用心想两手合谷穴找合至两云门穴，两臂外撤展（图452）。

图 452

两目视正前方，用心想沉两肩，感觉气下沉（图453）。

图 453

两目视向前下方，用心想沉两肘，两肘下沉（图454）。

图 454

两目视前下方，用心想两手合谷穴，两手慢慢内合（图455）。

图 455

两目视前下方，用心想两手中指指尖相撞，两目视两手中指指尖（图 456）。

图 456

图 457

用心想两手食指指尖相撞，两目视两手食指指尖（图 457）。

用心想两手大拇指指尖相撞，两目视两手大拇指指尖（图 458）。

图 458

图 459

两目视向两手合谷穴，两手下降至肚脐上沿，身体屈蹲（图459）。

图 460

两目通过两手中指指尖、食指指尖相合形成的三角向下看，看两脚并拢脚尖前形成的三角处，三呼吸（图 460）。

两目平视前方，用心想由背后从下而上放松、展直（图461）。

图 461

两目平视前方，用心想两肩放松，气沉下丹田（图 462）。

图 462

图 463

两目平视前方，用心想两肘放松，两前臂慢慢自动下落（图 463）。

两目平视前方，用心想两手合谷穴，两手感觉如拂水面，三呼吸（图 464）。

图 464

两目平视前方，用心想两手的外劳宫穴，两手手指逐渐下沉至两腿两侧（图 465）。

图 465

两目平视前方，用心想两手的合谷穴，两手心自然合于两腿外侧，中指指尖贴在风市穴上（图 466）。

图 466

两目平视前方，自然三呼吸（图 467）。

图 467

两目视前方，用心想两手的大拇指、食指、中指、无名指和小拇指指尖，上盘气自然下降，然后再想后溪穴、少海穴和肩髃穴，身体自然屈蹲（图 468）。

图 468

图 469

两目视前方，随着吸气，用心想两腿的阳陵穴上找天庭穴（图 469）。

两目视前方，随着呼气，用心想尾骶骨下找两脚跟（图 470）。

图 470

两目视前方，自然呼吸三次，随着吸气用心想两腿阳陵穴向上找天庭三遍，随着呼气，用心想尾骶骨下找脚跟三遍（图 471）。

图 471

两目视前方，用心想从身后由下向上拉直、拉开各个部位，顺序是小腿、膝关节、大腿、腰椎，下盘自然立直（图 472）。

图 472

两目视前方，用心想胸椎拉直拉开，上身前挺（图 473）。

图 473

两目视前方，用心想颈椎向上拉直拉开，感觉头顶天（图474）。

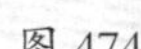

图 474

图 475

两目视前方，平收下颏，气沉下丹田，用心想两手的大拇指指尖、食指指尖、中指指尖、无名指指尖、小拇指指尖（图475）。

两目视前方，用心想两手的后溪穴和少海穴，感觉上身自然屈（图476）。

图 476

图 477

两目视前方，用心想两肩的肩井穴，感觉两腿自动屈蹲（图477）。

图 478

两目视前方，用心想两膝盖，重心继续下沉，身体自然屈蹲（图478）。

图 479

两目视前方，用心想两手合谷穴，两手十指发胀下沉，身体逐渐前倾展直（图479）。

两目视前方，用心想两臂曲池穴上找肩髃穴，两前臂与两手发胀继续下沉，上身继续前倾展起拉直（图 480）。

图 480

图 481

两目视前方，用心想膻中穴上找天突穴，上身带动两腿自然展起拉直（图 481）。

两目视前方，上身挺起，下颏平收，感觉气沉下丹田，四肢气足（图 482）。

图 482

第二章

太极拳功法

第一节 呼吸八法
（吐纳法—内功练习法）

一、脚呼吸法

脚呼吸法，又称“踵提呼吸法”，亦称“踵息法”。

练习方法： 练习者端坐椅子、床沿、沙发、凳子上均可，两脚与肩膀齐宽，要求两脚掌踏平，小腿垂直于地面，与大腿成90度角，脊背要直，将全身放松，心情安定，神意专一，进入练功状态。

提脚跟，意注脚跟，要轻轻慢慢地提起脚跟（此时感觉小腹上翻），忘掉脚跟转想脚大拇指，轻轻慢慢地翘起脚大拇指（此时感觉小腹下翻。小腹上翻下翻，谓丹田内转，亦称翻江倒海），然后忘掉脚大拇指，再想脚跟，之后想翘脚大拇指。如此反复练习九次。

提脚跟时为吸，翘脚大拇指时为呼。视为脚踵呼吸，非常人呼吸法，属高层次呼吸法。古人云：圣吸以踵，由脚踵而头顶一气呵成。提脚跟时督脉升，翘脚大拇指时任脉降。对人体健康非常有益。

二、运睾丸呼吸法

练习方法： 男子意想睾丸，睾丸轻轻慢慢往上抽提（此时觉得肩井穴与环跳穴关闭），然后松睾丸（感觉肩井穴与环跳穴都开了），之后再提再松，如此反复练习九次；女子运会阴穴，也是一提一松，或运乳头（乳晕以内部分）亦可。

睾丸属翘脉（阴翘阳翘，是管人体升降的。如做金鸡独立时提睾丸，做仆步下势时松睾丸）。

三、胎息法（肚脐呼吸法）

练习方法： 注意肚脐，收肚脐时稍停。再松开肚脐稍停。如此一收一松，反复练习九次。感觉：收脐时左右两肾在往左右两侧开；松肚脐时感觉两肾在合。肚脐为神阙穴，内连五脏六腑。此法也是内脏锻炼方法。

技击应用时，拿人时则收脐；发人时则松开肚脐。

四、劳宫穴呼吸法

练习方法：两手心相对 33 厘米，侧置于膝上，展指“突”掌，劳宫穴吐劲，然后空掌心劳宫穴吸气，如此一展一空，反复练习九次。

感觉：当做劳宫穴呼吸时，涌泉穴也在同步呼吸，因手心脚心关窍相通。

技击作用：在发人时要展指“突”掌，劳宫穴吐气，抓筋闭脉时，要空手心，气贯手指梢，甲欲透骨。

健身作用：十指连心，手梢通内脏，练指掌同时也在练内脏，手是人脑的外在表现，练手指同时也在练人脑，脑是人体重点保健部位。

五、人中呼吸法（鼻尖）

练习方法：注意鼻尖，转想人中，再想鼻尖，再想人中，如此反复练习九次。

感觉：当想鼻尖时，感觉肺叶张开；当想人中时，感觉小腹之丹田气充实。想鼻尖为吸，想人中为呼。

健身作用：可醒脑提神，宽胸畅怀。

技击作用：推手时，拿人时想人中找鼻尖，发人时想鼻尖找人中，则气长，气长则功夫长，长短相差 1 秒则决定胜负。

六、眼睛呼吸法

练习方法：收眼神看鼻根，放眼神（先往远放，然后看耳朵，左眼看左耳，右眼看右耳，看不见也要看），然后再收眼看鼻根（看不见也要看），接着再放眼神，如此一收一放，反复练习九次。

感觉：收眼神时，两手腕和两脚踝无力，放眼神时，两手腕和两脚踝有劲。

健身作用：练习此法，可调整眼睛的层光和视野，改善眼区的血液循环，增强视神经功能。眼睛区也是内脏全息区，所以练习此法对内脏也有益处。

七、顶心旋转法

练习方法：想百会穴，百会穴一有感觉（得气感）转想右、前、左、后沿四神聪旋转三圈（意念转），之后反转三圈（右、后、左、前转），想百会穴，随即忘掉。转想肩井穴、曲池穴、合谷穴。十手指稍翘，活动活动手指，功毕。

健身作用：培养提顶（顶头悬，虚领顶劲的感觉，可使身体平衡稳定）；培养头手结合，顶打人的习惯性。

八、四肢穴道呼吸法

练习方法：意想右劳宫穴，转想左涌泉穴；意想左曲池穴，转想右阳陵穴；意想右肩井穴，转想左环跳穴；意想右曲池穴，转想左阳陵穴；意想左劳宫穴，转想右涌泉穴；意想左肩井穴，转想右环跳穴。如此四肢大关节穴道左右交叉响应，来回反复三次。

功能：打通四肢穴道，培养内外三合的意念习惯。增强条件反射的灵敏性。推手时上下相随，内外相合，周身一家，浑身如牵线，出合劲，出整劲，增强打击效果。

以上功法全属意念训练，磨刀不误砍柴工，平时养成习惯，临战时防卫反应自然，到时只取一种自感得意即可，不必全顾。“须知得一，则万事毕”，一法带万法，以一意带万念，一觉独照，万籁俱寂。以上八法，是内部之秘，以前是非吴门弟子不传。

第二节 “三丰”功法（六球一柱）

修炼太极拳者众多，但练成者极少。太极拳奥妙无穷，不学法，不懂精髓者很难学成。

王培生先生所传吴式太极三十七式，讲究神领、意催、气运身；大开大合，大实大虚，不易被看出明显的发力点，不易被看出明显的技击作用，通过调整神、意、气，用三十七个架子、一百七十八动来修炼太极拳的各种劲，道理深奥，难明拳理。要练好太极拳，首先要了解拳种的特点、奥妙，要明拳理。这些特点和奥妙很难悟到，必须由老师点拨。

一、六球一柱

天有三宝：日、月、星。人有三宝：精、气、神。精、气、神来源于人的六球，即两个睾丸（女性的两个乳房）、两个肾球和两个眼球。睾丸生精，肾球生气，眼球生神，精足化气，气足化神，神足还精。俗话说："闭目养神精神足"，讲的就是这个道理。

人的脊椎好像一个柱子，将六球联系在一起，像一个三丰的"丰"字。

二、三才三太极

世界是个大宇宙，人身是一个小宇宙，道家、儒家、佛家在修大道和修炼内家拳种的太极拳、八卦掌、形意拳等的同时，都将练功、技击、强身与修性同六球一柱的人身小宇宙紧密地结合在一起。

三才者，天、地、人也，天为乾、为阳，用一长画"——"来表示，地为坤、为阴，用两短画"— —"来表示。

相传太极祖师张三丰在悟阴阳之道时，将人身的六球与人身的前三田（上丹田、中丹田、下丹田）和后三关（玉枕穴、夹脊穴、尾闾穴）联系起来，形成了三层太极八卦图。两个眼球向前上两眉之间的玄观穴环抱，由上丹田相连，形成"—"（一阳）卦象，两眼球与玄观穴后面的玉枕关环抱，形成了"— —"（一阴）卦象。两肾球向前上膻中穴环抱，由中丹田相连接，形成"—"（一阳）卦象，两肾球向膻中正对的夹脊穴环抱，形成"— —"（一阴）卦象。两睾丸向前上神阙穴环抱，由下丹田相连，形成"—"（一阳）卦象，两睾丸向后与尾闾关环抱，形成"— —"（一阴）卦象。

整体看人体的六球前后环抱（经过前三田、后三关）形成三个圆，成前"≡"（三阳），后"≡≡"（三阴）卦象。两眼、两肾、两睾丸在中间，左边为阳，右边为阴，正像太极图中阴阳鱼的两个眼。前三田形成的"≡"阳卦象是个三，后"≡≡"卦象正好由脊椎骨上下相串，脊柱像汉字的一竖，形成丰字，六球一柱，所以又称"三丰功法"。

三、"六球一柱"的作用

在内家拳的功夫修炼中，总管是心意。心，在中国古代典籍中解释为"心之官则思"，就是说，心的作用是用来思考、想问题的。心具有现代科学所讲的大脑的作用，而不是现代科学的心脏的作用。

脊椎是神经的主干道，也是心意的主要通路。六球相连，脊椎贯穿，呈现阴阳合一之法，即太极之法，以眼球形成的上太极图为天之八卦，以肾球形成的中太极图为人之八卦，以睾丸形成的下太极图为地之八卦。

三个立体太极八卦图上、中、下重叠形成了三才合一，天、地、人一体。曾有内家拳人认为，初级功夫为外三合：手与足合、肘与膝合、肩与胯合；中级功夫为内三合：心与意合、意与气合、气与力合；高级功夫为“不求形骸似，只求神意真”的“六球”无形功法。六球功法虽难修炼和掌握，但只要明确功理，勤奋修炼，也是可以练成的。修炼了六球功夫之后，外三合、内三合就会简单易行和高效。

六球一柱功法中，睾丸司两肩、两胯。在修炼中，我们想象两睾丸合向神阙穴（肚脐），两肩、两胯自会感觉有收缩感；当想象其分开时，两肩、两胯会感到有膨胀之力。肾球司两肘、两膝，当我们想象两个肾球合向膻中穴时，两肘、两膝会感到松软无力；当想象两个肾球向两侧分拉时，两肘、两膝会感到膨胀有力。眼球司两手、两脚；当我们想象两眼球向玄观合时，两手两脚会感到松软无力；想象两个眼球向外分开着意于两小眼角时，会感到两手两脚膨胀有力。

在我们运手和行拳时，凡欲动两肩、两胯时，必须注意先要以睾丸助之；欲动两肘、两膝时，必须注意先要以肾（腰子）带之；凡欲动两手、两足时，必须注意先要以眼神领之；周身运作都必须以脊柱主之。太极拳的整劲就是以脊柱为主，引导而成，才能达到一动无有不动。

我们在练功中还会感觉到，想两眼球去找合睾丸时，身体自然前倾，胸椎后弓；想两个肾球（腰子）去找合睾丸时，两膝会屈，腰椎后弓；想两睾丸下降去找合照海穴时，身体会下坐。反之，想两睾丸向上找两肾球时，腰椎会立直；想向上提找两眼球时，胸椎会立直。想两眼球同时去找合右睾丸时，身体会向右下弯；想去找合左睾丸时，身体会向左下弯。想两睾丸上提，去找合右眼球时，身体会向右前上挺起；想去找合左眼球时，身体会向左前上挺起。当我们想右腰子（肾球）向前找合肚脐时，身体会半面向左转；想左腰子（肾球）向前找合肚脐时，身体会半面向右转。

总之，六球一柱之间的找合感觉，使笔者产生了一个想法，人的身体就像一杆秤，神意为“持秤人”，六球为“秤砣”，两脚为“秤盘”，上、中、下三田相对应的三关为秤的大、中、小“秤花”，脊椎骨节为“秤星”，两手为“秤毫”。

练习三丰功法是为了用，在两人推手或过招时，应视对方出手推或击我之部位，来决定“六球”的使用和调度。首先保持自身的“圆、静、沉稳”，两眼球向上丹田合抱，我们马上就会感到神敛，意专，头脑清醒，神气逼人；两腰子（肾球）向中丹田合抱，立刻会收腹、胸空，气沉丹田，重心沉稳，感到神清气爽，心中踏实；两睾丸向下丹田合抱，立刻会溜臀提肛、腰松、胯圆，尾闾中正、神气贯顶、重心下降、周身轻灵。当对方使力按到我胸部时，在对方将触而未触我皮肤之瞬间，意想我之六球断开，身似滩泥，对方会顿感落空，失去重心，向前倾斜，我便趁机合力发之，这就是“引进落空，合即出”，亦称“后发先至”，见人则开，遇人则合，粘连黏随不丢顶；彼不动，我不动，彼微动，我先至。

例如：当对方单掌推我左胸，我撤左腰子（肾球），进右腰子（肾球），这样一来，对方必然向我一侧落空倾倒，我再以手助之，以眼神视之，使对方倾倒加速、加重。

例如：我欲将对方掤起发出，应先想睾丸找合眼球，对方必被掤起，我两眼前视，对方失去重心而倾倒。这是什么原因呢？显而易见，想睾丸时肩胯自然松下，造成对方失去重心而倾斜，意想睾丸找合眼球时，我身腰自然向上展起，眼视前方，两手会自动前攻，使对方失势之刹那间遭我进攻而向前倾倒。

如果想让对方向远方跌出，脊柱中正，以手为支点，眼视远方，脊柱为杠杆，尾闾向上翘起。如果想让对方向左或右斜方向倾倒，在对方被拔根之际，我左右找动两肾球，同时以眼神顺其方向领之，对方就会向左前方或右前方倾倒。如果对方身高力大，想将其撼动发出，自己必须轻轻晃动脊柱，与对方脊柱虚相对照，眼神通之，四球助之，敌方会被拔根而起，再乘势攻之，极易奏效。

吴式太极拳讲神领、意催、气运身，推手和技击时，在外靠八门之威，在内靠“六球一柱”相助。

“神贵于形，故形至则神从”，眼神可聚周身之精力，这个精力不是拙力，而是神力、威力、灵巧力、活力。推手时发人远近，用在眼手，主在腰脊，依托在睾胯。两睾丸管上下：想睾丸向下，身即下坐，可拔敌根；想睾丸向上找合眼球，则可产生掤劲。两肾球管左右：动肾球身如水，可化来力；想肾球向远看，以眼神相助，可化打敌之灵威。两眼球管远近：眼球变，颈、身随，威力无比；眼球动、四球跟，变化莫测；手出劲是因为十指连心，手劲就是心劲。眼出力是因为五脏六腑之精气皆运于目。

总之，太极的无形之法，全在于神意，遇到强敌，旋转、进退，皆在使其落空，落空之时，击打、摔、发，逆来顺受，我则事半功倍。敌一旦落空，他就什么都来不及了，所以要注意推手或过招时观察对方之形态，如对方出现惊魂落魄，或身如临悬崖之状时，正是进攻的最好时机。

第三章 推手训练的三个问题

第一节　神意运用十法

在练太极拳时，眼神和意念非常重要，眼神简称为神，神为阳，能动；意为阴，而静；神能领起全身之气并导向，意能催动气运身，阴阳为一整体，不能分离，一动无有不动。神和意也是如此，神意如配合好，在练拳中就会产生巨大的威力。有人说这是唯心的，其实他根本不懂哲学，唯物论认为：物质是第一性的，意识是第二性的，但意识有能动的反作用。练意拳时就是要充分发挥意识能动的反作用。练功是提高物质基础，神意配合运动能更好地发挥拳术的最大威力。

内家拳用“神意”种类众多，方法各异，这里讲述几种常用的方法以供爱好者参考。

一、对拉法

一手前推，一手后拉，目视前方，意在后手猛后拉，忘掉前手，如手挥琵琶。

二、加力法

一手在前，一手在后，目视前方，意在后手去扶、找、摸、追前手或身上的一个部位。如云手的摸膝和打挤的后手扶前手脉门等。

三、三合法

手与足合，肘与膝合，肩与胯合，简称外三合，我们这里讲的是意，不是形，只要神意真，不求形骸似。如内家拳讲的“松肩、沉肘、掌心空”，就是讲三合用意法。松肩气到肘，沉肘气到手，空手心气到指梢，目视前方。再如吴式太极拳中的弯弓射虎势，左手在前上时，右手在下，意想右肩与左胯合，气到左肩；意想右肘与左膝合，气到左肘；意想右拳与左脚合，气到手。

四、自身穴位找合法

自身一定的穴位找合会产生一个整劲。本来自身有的穴位是不能一个与另一个合到一起的，但内家拳却用自身的一个穴位去找另一个穴位，这样就会产生一个整劲。如吴式太极拳中的扇通臂势，意在右肩井穴通过斜直线去找左环跳穴，气会到左臂。又如吴式太极拳的左打挤劲，意想夹脊穴去找前脚的涌泉穴。再如打右肘，意想右合谷穴去合右云门穴，目视右远方等。

五、自身穴位与他身穴位找合法

这种意念方法往往是在自身被抓或互架臂时运用的。如我双肩被对方有力抓住，我用意想自己的左肩井穴猛找对方右肩井穴，目视前方，对方就被发出。再如二人交手时，对方将双手分开，平推向我身两侧或稍后，我可以意想自己的双肾俞穴猛飞出射向对方的双肾俞穴，目视前远方，对方就可以被发出。

六、提按法

这是一手在前，一手在下时运用的意念方法。如我左手已吃住对方中心，我意想右手抓拳，忽猛上提，眼看前方忘掉左手。

七、惊像法

这是我一手吃住对方或互架臂姿势时，所运用的意念方法。当我吃住对方或对方吃住我时，我意想忽然有一大蛇或虎豹去吞咬后脚和前脚时，我像受惊吓一样突然弹起或躲闪开，忘掉手臂，两眼前看，对方就会被发出。

八、借力法

借力法是在对方单手向我发力时，用意念将对方力量还给对方。如在互架臂姿势上，对方向我右臂或右肩发劲，我意想右肾俞去找肚脐（神阙穴），两眼右前视，就可借用对方力量将对方发出。又如单手发劲时，意想身侧后有一柱或一棵大树，用手反推柱子或大树。眼向前看，忘掉前手（借柱力）。

九、舍己从人意念法

这个意念法是在对方向我面部、胸部打来时，用意念将对方化开或拿起。如推手时对方向我右脸部打来，我意想右手去找自己的右耳门穴，就会化开对方来力。如对方向我左胸部打来时，我想右手去摸左肩，就可将对方化开或拿起。

十、三丰功法（六球一柱法）

前面功法已单独说明了，这里就不多言。

吴式太极拳三十七势盘架时还有许多的意念方法，这里就不多讲了，要靠大悟。

第二节 推手中的发劲四要

一、发劲要注意得机势、方向和时间

得机势：就是自己占主动的顺势，比较稳定，对方背势，如重心偏于一方或发呆，气浮于上。

方向：就是发劲的方向，如上，或下，或左，或右，或正，或隅，也正是对方背势的方向，发劲才可有较好的效果。

时间：时间要掌握得恰到好处，就是对方旧力已完，新力未生之际（正是对方发呆时）或对方后退之机，不能过早或过迟，早则易与对方发生顶撞，迟则对方易发生变化。

如果能全面运用以上三点，发人就好像弹丸脱手，轻松自如。

二、发劲要注意距离、高低、轻重

距离：是自己与对方的远近，过远发劲则不达，过近就会使自己发的劲被闷闭，不能发出。

高低：与人过招或推手，对方的高低对发劲也有很重要的关系，人高我也高，人低我也低。对方人过低则发其上部，对方人过高则发其下部。

轻重：与人过招或推手，对方人的胖瘦轻重也很重要，对方上下轻重相当者，应发其中部，对方若是上轻下重者，则发其下部；对方上重下轻者，则发其上部。

三、发劲时骨要缩，筋要长，皮肉要舒，神要领，意要催

四、发劲时要防止“三停”

发劲时好像抛物一样，欲抛则抛，周身一致，不知不觉，自己感觉无劲、轻松自然、其劲已全部发出。被发者感觉猛、沉重、劲大。如发

劲者自己感觉有劲，被发者没有受到重击，说明发劲者的劲没有全部透出，发劲就好像射出的箭，箭不可能在途中停留，如有停留，箭就会落地。发劲时如果没有达到如意的效果，很可能是犯了“三停”的毛病。人身分上肢、下肢和胴体三大节，每一大节又分成三节，共九节。

发劲时要防止上肢的三停，一停于肩，二停于肘，三停于掌根。

发劲时要防止下肢的三停，一停于胯，二停于膝，三停于踵。

发劲时要防止胴体三停，一停于胸，二停于腹，三停于下丹田。

发劲时好像抛物，不可犹豫，欲抛就抛，不可欲抛不抛，不抛又想抛。发劲要节节贯穿，上动下随。发劲时一定要敛气凝神，目注对方，尾闾中正，头顶虚领，含胸拔背，沉肩坠肘，伸指立掌、坐腕，两臂随曲就伸，同时将脊背骨向后上稍加突出，松腰坐胯（腰应向下不能向后）。

第三节　出手如锉，回手如钩

在太极拳的应用和推手中，“出手如锉，回手如钩”是太极拳的进攻与防御的具体体现，是掤捋挤按，采挒肘靠，粘黏连随的应用和表现。

“出手如锉”，是指在太极拳的使用和与人推手时，不是硬碰硬，而是适当地用劲，不顶不丢，如在用锉子锉木材，不是硬碰，也不是一点没有劲，而是将锉子锉在木料的皮层上，只掉下少量的末子，木料没有大的震动和大的受损，如果木料也像人有感知的话，使木料没有大的感觉。也就是说，在与人推手时“刺皮不刺骨”，使对方没有多大的感受，为的是不让对方了解自己，而自己却能清楚地知道对方的劲路和企图。如果在与对方推手时用劲过大，劲刺到了对方的深处或骨，就是犯了双重和顶牛，自己的劲路就会受阻，自己的劲路和意图就会被对手发现和利用。如果我做到“出手如锉”，就会先发现对方的劲路和企图，做到知己知彼，就可准确及时地利用对方劲路和企图，或发，或拿，制服对方。可以说“出手如锉”是进攻制敌的有效手段，也是掤挤按、挒肘靠的使用和表现。在与人推手时，“出手如锉”让对方感觉有种劲出来，迫使对方采取对策露出劲路和企图。而我的劲是活劲，没有方向，随时针对对方的劲路和企图，改变我方的劲路和对策，使对方防不胜防。如果我方出手后对方没有适当对策，我方就可以直接攻击之，假变成真。在与人推手时，“出手如锉”接触对方后，可以用一种听劲，摸清对方的虚弱部位，用意不用力，锉向对方虚弱之处，可将对方锉出去。可以说“出手如锉”既是一种侦察手段，同时也是一种进攻方法，攻中有防，防中有攻，攻中有化，发现时机可以准确地发力，真真假假，虚虚实实，使对方不可捉摸。

在太极拳的使用和推手时，“回手如钩”是防守和化解的有效手段，是粘黏连随采捋的具体的使用和表现。

“回手如钩”不是用手去抓去拿，而是用舍己从人的原则，用粘黏连随的方法和掤捋挤按的劲，形成一种采劲和捋劲，像钩子一样使对方不能解脱，被轻轻地采起、捋起和拿住。“回手如钩”，在与对方接触之后，不是用手抓拿，而是用粘黏连随劲，调整自己的身势，形成一种劲，破坏了对方的平衡，将对方采起、捋起。对方感觉我方的手像是钩子一样，不可逃脱，只有顺从。在太极推手中，都存在单手采与捋的问题，单手采与捋是单钩，单钩是在与对方推手时，单手与对方接触，接触点上感觉对方有击来之意，用身体调整接触点，不顶不丢，用粘黏连随的方法，形成一种单钩劲，破坏对方的平衡后，将对方采起与捋起。双钩是双手采与捋，是在与对方接触时，利用对方的心理作用，如果对方双手抓住我双手，我方若想将对方向左采和捋起时，我方左手用按或掤劲，使对方采用化解之劲，我方随之右手用挒与挤劲，对方就会感觉我方左边有一种钩劲，逃脱不了，失去平衡，被我方轻轻地采起和捋起。这就是一种双钩手，还可以利用其他的方法将对方采起、捋起，如六球法等，这里就不讲了。

“出手如锉”，就是出手就进，就攻，攻中有变，攻中有守，进中有采，进中有捋等。

“回手如钩”，就是回手是退，是守，守中有变，守中有攻，守中有化，守中有采，守中有捋，守中有发，守中有拿等。

总之，“出手如锉，回手如钩”是太极拳攻防的具体表现和要求，也是太极拳中掤捋挤按，采挒肘靠，粘黏连随的组合应用。要达到这个层次，必须刻苦认真地修炼太极功夫，通过懂劲，逐渐达到神明，才能应用自如；才能随心所欲；才能攻防自如，进退自由；才能做到全身无手，浑身是手；才能达到浑身无点不弹簧的高深境界。

第四章

谈太极拳的特点

拳术是用来护身抗敌的功夫，纵观中华民族的发展历史，根据时代和地理环境的特点，在中华大地上产生了许多种拳术（包括兵器用法）。各种拳术都带有它自身的特点，如少林拳、武当拳、太极拳等。各种拳种有其共性的东西，即健身强体、舞美、技击、自卫等。由于修炼的方法不同，又分为内家拳和外家拳。有表现阳刚之美的各种少林拳，有表现柔顺舒展的太极拳、八卦掌和梅花桩，有仿生的各种形意拳和重视意念的大成拳，还有八极等拳种。各种拳种都有许多的爱好者和修炼者，技击方面都有防卫和进攻的手段、方法和特点，这里想谈点老、少、弱和强壮人都喜爱的太极拳的特点。有人说太极拳的特点即掤、捋、挤、按、采、挒、肘、靠、前进、后退、左顾、右盼、中定等，八门五步十三势。我认为八门五步只是太极拳技击的方法和手段，其他拳种也有这八种劲和五种步法，只是叫法不同，如大成拳的“提、顿、吞、吐、沉、托、分、闭”八法等，所以掤、捋、挤、按、采、挒、肘、靠、前进、后退、左顾、右盼、中定还不能说是太极拳与其他拳种不同的特点。什么是太极拳的特点？太极拳的特点就是别的拳种没有的或者说不突出的，而太极拳特别强调的方面就是太极拳的特点。如粘、黏、连、随，不顶不丢，上下相随，舍己从人，神领、意催、气运身，守中用中等六个方面，才是太极拳真正的特点，要熟练地运用这六个方面，必须不断地练功，悟其理。

一、粘黏连随

粘、黏、连、随，是太极拳的基本要求。在推手中，如果能注意准确地运用这四个字，逐渐达到随心所欲的程度，就具备了顺利取胜的基本条件。这四个字也是太极拳功力和太极拳的体用变化过程。

粘，就是刺皮不刺骨。通过身体的某一点，微粘对方皮肤，了解对方的意图和动态。要注意粘时不能用力过大，过大就会使自己处于被动，暴露自己的意图和动态。

黏，不顶不丢，不弃不离。紧紧黏住对方，不失去接触，可防止对方的突然进退和袭击。

连，劲断意不断，像藕断丝连。

随，彼进我退，彼退我进，如藕断丝连，一端欲断丝离去，而我端则彼走我进，使其欲断不能。

粘黏连随各有其意，但它们互相之间具有一定的关系，这关系表现在时间、方向和劲力大小程度上。就劲力来讲，粘的劲最大，依次逐步减弱。就方向和时间来讲，推手中，自始至终与对方不脱离接触，形影不离，使对方的劲起不到作用，同时抓住时机制敌。

二、不顶不丢

不顶就是不能用劲抵抗，始终隐蔽自己的意图和劲力方向，不使对方发现自己的目的。不丢就是不能离开，不让对方逃跑，并寻机主动制敌。不顶不丢，随屈就伸，形影不离，这是太极拳克敌制胜的重要原则，顶撞就不易了解对方的虚实，会受制于人。丢掉就会与对方脱离接触，不了解对方的变化，就可能会受到对方的意外打击。

三、上下相随

上下相随就是一动无有不动，劲力匀整，运动时身体的各部位如上肢、下肢、躯干等都要协调运转，上下相随，节节贯穿，上欲动下自随，下欲动上自随，上下动中间攻，中间动上下合。

四、舍己从人

舍己从人是积极地防御，而不是被动地逃跑，是以静制动，是以逸待劳，是克敌制胜的法宝。“舍己”不是被动地任敌控制，而是不以自己为中心。“从人”更不是你打我受，任人摆布；而是因人而动，随屈就伸，以逸待劳，以静制动，以不变应万变。应主动地去围绕对方的意图和动作作为。你要我就给，这个给不是顺从对方要的方向给，而是主动地去摸准对方的重心，用自己的力点去穿透这个点，就将敌发出。你给我就要，这个要不是被动地任对方摆布，接受对方发来之劲。而是根据对方发力的方向、速度引动他，使他不能穿向自己的重心，而是主动地将对方化出。总之，舍己从人就是因对方的意图、动作而去作为，随屈就伸，克敌制胜。

五、神领、意催、气运身

就是用神、用意、用气，不用力，四两拨千斤，这是太极拳的重要原则和特点。

用神，就是指用眼神，眼神的训练有其自身的要求，眼神动带动脸动，脸动带动颈动，颈动带动身动，身动带动四肢。总之，神动全身各部位无有不动。

用意，要有用意的方法，情况不同，用意的方法也不同，如搂膝拗步，左掌前按这个动作，使用时如果用左手推对方前胸，右脚在前，不能把意放在对方的前胸上，应该是眼神通过对方身体向前平视，同时意念转移至右掌的掌心，想向后向下接触地皮，对方会应声被推出。

用气，神领、意催就会自然形成气运身，身体也就会自然形成六合，心与意合，意与气合，气与劲合，手与足合，肘与膝合，肩与胯合，形成匀整之劲。

六、守中用中

守中，就是守住自己的中心部位的重心点，不能让对方的发力点穿透这个中心部位的重心点。用中，单重发力，不见双重，脚踏中门，击中对方中心部位的重心点。要做到守中，用中，取中，入中。

守中，是守护自己的中线，中线不失视为不败，所以是立身之本。

用中，是力从中线发，以中线为全身合力之轴线，调集全身各部位之力于中线，由中线发动从身体某一个部位发出，所以是发劲之理。

取中，是打击对方中心，可使敌方受创和破坏平衡。取中时，可取对方正中，也可取其侧中，还可取其后中。以对方中心线为主发力，容易使敌方失重，受力，所以是破敌之术。

入中，是脚踏对方中门，进步夺位，将其发出，所以是取胜之道。

修炼太极拳要想有成就，就必须认真揣摩这六个方面，这六个方面，各有其独立的内涵，又相互联系。要进入高深境界，随心所欲，随机应变，才能得机得势，立于不败，取得胜利。

第五章

吴式太极拳歌诀

吴式太极拳，站桩是劲源。
浑圆站五势，撑抱技力泉。
降龙和伏虎，抻筋又拔骨。
散步练三弹，通臂自由练。
盘拳重神意，形劲才整齐。
眼神要领先，意念是关键。
神意不同处，身心保康健。
动步似飞飘，落脚是平川。
发劲不着像，巧在要诀上。
皮肉松不懈，筋骨抱团行。
手指巧在顶，手腕妙要挺。
起手定要后，落手要抢先。
若要威力显，妙在手要奸。
如是手要奸，脚手协调玩。
刺皮不刺骨，刺骨自受阻。
起手和落手，阴阳不二走。
阴阳如是走，一接点中求。
接点求得啥，虚弱就是家。
起手就是打，落手更合法。
出手如是锉，回手就是钩。
发劲运动小，身整最重要。
头顶下颌收，含胸乳找脐。
沉肩意肩井，垂肘想曲池。
神意协调到，气劲准到齐。
身体似灌铅，肌肉如是一。
身感如铁铸，毛发似如戟。

一动无不动，一动一太极。
用意不用力，才是练太极。
动意似如水，山高水要低。
舍己要从人，不丢也不抵。
如若人来犯，接点就是屈。
看似很简单，随心能所欲。
触之即是发，无点不弹力。
太极练至此，方明劲和力。
若想功夫妙，修德最主要。
德高功夫长，得道方能容。
练拳不惧难，苦练能登攀。
吴拳要登峰，方须进神明。
神明里程艰，顿悟始扬帆。
开悟身明理，理通渐神明。
成龙或成虎，还须自顿悟。

于子顺
2009年6月6日

第六章

学习研究太极拳随笔

第一节　浅谈太极拳《论》《经》文中名句的理解和体会

一、左重则左虚，右重则右杳

此句可以理解为协调自身的阴阳平衡。练习太极拳时重者实也，虚者轻也，重指下盘而言，虚指上盘而言。因交感神经原因，左脚重，必然右手沉；右脚重，必然左手沉；左脚重，必然左手虚；右脚重，必然右手虚。简言之，左重则左虚，右重则右杳。换言之，下盘左侧重，上盘左侧就必然虚，下盘右侧重，上盘右侧就必然虚，只有这样身体才能平衡。必须不断地调整脚与手，像人走路一样，抬左脚必须抬右手，抬右脚必须抬左手，左脚落地必然左臂虚垂，右脚落地必然右臂虚垂。

在两人推手时，对方用力推我左方，想使我的身体失去重心，我则使我左方的粘连处变实为虚，让对方使不上劲而落空。如果右方也如此，总是随对方之意而化之，不可有轻微抵抗，这样使对方处处落空，还可利用对方之力制其身。

二、仰之则弥高

如果对方向上推你的时候，你用意念往上引他，要无限远，一想对方就够不着你。

三、俯之弥深

如果对方用力击我前下方时，顺着他，意在彼先，他往前下我就意想转身入海，这个劲往下走的时候就像那大海，无限远，没有底，这么一想，对方就会感觉如陷深渊，就如跳坑或掉到山涧里一样。

四、进则愈长

对方进攻你的时候，你随着他的意念往后走，顺着他击的方向往后一想，要无限远，对方就会觉得远不可击，够不着你。

五、退则愈促

他打不着你时，他就想后退，这时你要随着他走，督促他撤退，你这意念要走在他前头，使他跑不掉。让他有回头看，你还跟着，甩不掉逃不脱的感觉。

六、方为刚，圆为化

一个圆中有许多等边三角形，圆周上每一个点都是等边三角形的一个角，这个角就是方。太极图中的阴阳之整体就是一个圆，换句话说，太极拳就是一个立体圆球体，球体的任何一个点都是三角形的一个角。太极拳好比一个浮在水上的气球，它是漂浮、轻柔旋转、滚动的，不容易被击中中心点，这就是化。球体上的任何一点，也就是方，击中一个目标就会产生刚劲，就是发。太极推手中总是根据对方的来力方向不断地旋转滚动，利用自己的特长不让对方找着自己任何一个点，同时要采取多种手法摸准对方的中心点，将对方制服。

七、不顶不丢

不顶不丢，不是被动地随从别人；相反，而是主动地去适应对方。不顶就是不用力抵抗的意思，始终隐蔽自己的意图和劲力方向，不使对方发现自己的目的。不丢就是不离开的意思，不让对手逃跑，并主动寻机制敌。

八、舍己从人

舍己不是被动地任敌控制，而是不以自己为中心，从人更不是你打我受，任人摆布，而是因人而动随屈就伸，主动围绕对手的意图和动作去作为。你要我就给，这个给不是顺从对手要的方向给，而是主动去摸准对手的中心、重心点给，用自己的力点去穿透这个点，将敌发出。你给我就要，不是被动地任敌摆布、接受敌发来的劲，而是根据对手发力的速度、方向，引动他不能穿向自己的重心点，主动地将对手化出。总之，要因对手的意图、动作去作为，随屈就伸。

九、不丢顶

不丢顶是为了始终保持自己的整劲，并使自己全身中正、安舒、轻灵、圆活。

十、不偏不倚，忽隐忽现

不偏不倚，一是从外面看身子中正，没有一点歪斜、偏倚。二是从内部讲，指身内的中气要始终保持中正，又要平衡，才能达到不偏不倚的目的。

忽隐忽现指精、气、神、意、虚实、阴阳等的变化莫测。

十一、粘、黏、连、随

粘、黏、连、随是太极拳的独特要求，是推手取胜的基本条件，要达到随心所欲。

粘，如胶粘物，通过微粘对方皮肤，了解对方的动态，不能用力过大，过大容易暴露自己的意图，使自己处于被动的地位。

黏，如两物相黏不弃不离之状，紧紧黏住对方不能失去接触，可防止对方突然袭击和逃跑。

连，如横断藕节，藕断丝连，推手时一定要做到劲断意不断。

随，即你走我进，你进我退，你高我高，你低我低，不能失去接触。

第二节 区分运动中的阴阳

在练拳时，动为阳、静为阴，伸为阳、缩为阴，起为阳、坐为阴；动静自然，伸缩有序，起坐合度，阴阳互济；一动一静 ，一左一右，一进一退，一攻一守，一开一合，无不含有阴阳。练拳时每招每势，每个动作都要符合阴阳变化的规律，阳中含有阴，阴中抱有阳。从总体上看，太极拳就是一个运动着的太极图，也就是说一动一太极。只有这样，在搏击中才能更好地保护自己，才能发挥出最大最快的攻击力。

第三节 眼神训练的要求

眼神训练时，眼动带动头，头动带动颈，颈动带动身，身体动带动四肢，全身是一个整劲，一动无有不动。

第四节 太极拳推手的有关问题

太极拳推手和盘架子是太极拳的两个部分。学会了盘架子还要练好推手，盘架子是拳之体，推手是拳之用，这样才算是体用兼备。

所谓推手，就是两人对立，用看手护肘，近身用招练习掤、捋、挤、按、采、挒、肘、靠、前进、后退、左顾、右盼的方法。

推手练习，能使神经系统特别灵敏，能粘走互助，对方稍微一动，自己就会知道发动的目的和可能的变化。

推手练习能使身体重心在任何情况下保持稳定平衡，盘架子可以在姿势的变化中锻炼身体的平衡和稳定。推手则是在对方的推动逼迫下，使自己的身体平衡稳定，并且还要设法引对方失掉重心，破坏对方的平衡。

推手可以磨炼感觉，以为应用，感觉是知己知彼的工具，像“间谍”一样察知对方，百战百胜。

推手和盘架子本属一个整体，在练习中都必须遵循太极阴阳变化的规律，力求手法和姿势正确，稳定，平衡，不犯双重，弓步要弓到家（度数），坐步要坐到家（扎实）。力求中、正、安、舒、轻、灵、圆、活。

（1）推手时发放的方法有：轻搭急进，重搭缓进；左拉右进，先松后放；先偏后放，随进随放等。

（2）推手时应注意：彼不动，我不动；彼微动，我慢动；彼慢动，我已到；彼先动，我已发。

（3）在与对方交手时应注意：出手如锉、回手如钩；力不空发，意不空回。

（4）不引不能进，不进不能化；不化不能空，不空不能击。引、进、化、空、击是太极推手的一般过程。

（5）远用手，近用肘，贴身用靠不能走。

（6）人体七星是进攻的武器，各自的用途不同，远不发肘，近不发手，遇敌以得人为准，以不见形为妙。顺来横击，横来掤压，右来左迎，左来右接；远用手，近用肘，远足踢，近提膝，足来提膝，拳来肘发。正确使用七星（武器）才能争取时间，提高技击效果，才能主动控制局面。

（7）上欲动下自随，下欲动上自随，上下动中间攻，中间动上下合。

（8）“听劲”是借用“听”的字面含义，在推手中，手的末梢神经在与对方接触时，感觉其劲的大小、方向、意图等。久练太极拳，手上的触觉非常敏锐，能感到对方劲的来路去向，这就是太极拳的“听劲”。

（9）喂劲。喂劲的“喂”字作喂食给对方之解，太极拳老师为了早日让学生得太极功夫，经常以喂劲的形式给学生上课，如推手等，便于学生明白劲路的来龙去脉和双方在接触点上的空松是什么状态和感觉。

初具熟练，渐悟懂劲的功夫，且有德、有悟性的学生是可造之才，老师重点培养这类学生、弟子，给他喂劲，有助于他更快地提高。

（10）太极拳锻炼的两个阶段。太极拳锻炼时，以形运气是第一阶段；以神领气、以意催气、以气运身是第二阶段。

（11）要时刻含有敌意，“双手不离身；去势好似虎扑羊，肘打去意占胸膛，脚踏中门抢他地，就是神仙也难防”。

（12）推手时，“一接点中求 ”。接对方击来之手时，眼看着对方来手去迎接，就已经有了一个化劲，好像接篮球，随接随发一样。

（13）推手时被抓住、被拿住、被锁住后应该在坚持不顶不丢的同时，向空当、缝隙、纹路的方向走化，这样就能解脱，化被动为主动，变被动为顺势，还有可能同时将对方发出。

第五节　太极拳常识

1. 什么是太极拳八法？

在训练太极推手中，常用的八种方法或说是八种劲，即掤、捋、挤、按、采、挒、肘、靠。

掤，就是提高拔上，即上捧的意思，是向前向上的立圆。

捋，就是舒展化解、往开划拉的意思。在推手时，疏散对方的来力，使他腾散而不集中。力学上好比是平面旋转的轮轴。

挤：向前、向外挤物，是一个向前去的直劲，用手或肩背挤着对方的身体，使其不得运转，再从对方背力方向掷之、推之。

按：就是摁着对方前进的力量，使其向下而不能上犯自己。

采：就是采取选择的意思，即挑选对方的弱点加以袭击，采劲要出向外放射的劲。

挒：分之为挒。挒劲有上挒、下挒。上挒是手与脚分，即手由后下向前上送，指稍高，与眉齐，眼向前看，意念蹬后脚。下挒，意念在手，以手找自己的前脚。

肘：臂中部能弯曲处之骨尖叫肘。肘尖如同宝剑尖，肘法很厉害，太极拳用肘法很多，有十六肘之说。

靠：依附于他物之意，太极拳常以肩、胯击人叫作靠。肩靠时，肩与胯合，眼神与靠击点成一相反的直线，意想玉枕穴好像扛着大包似的。

2. 什么是肉梢？它的作用是什么？

舌为肉梢，肉为气囊，舌顶上腭，能接通任督二脉之气。

3. 什么是骨梢？它的作用是什么？

齿为骨梢，齿扣则骨坚。

4. 什么是血梢？它的作用是什么？

发为血梢，血为气之胆，毛发倒立，气血充实，毛发不竖，毛孔不开，则血不充，血不充则气不振，气不振则力不实。

5. 什么是筋梢？它的作用是什么？

指甲为筋梢，指甲扣则力自充。

6. 什么是单双重？

单双重并不是专指两足和两手的重量和虚实而讲，头、手、身、足、肩、肘、膝、胯，四体百骸，各大小关节的一点细微之力都有单双、松紧、虚实、轻重之别。

7. 什么是神意不着象？

神，眼神也，意，心之所思也。不着象的“着”字为漏、露、出、显的含义。神意不着象应为神意都不显露出来的意思。

8. 什么是单重发力？

发力时不见双重，头、手、肩、肘、胯、膝、足，以及全身的所有大小关节都有单双、松紧、虚实、轻重之别。前进发力，两足重量前三后七，前虚后实，前松轻后紧重。后退发力，则前七后三，前实后虚，前紧重后松轻。前后发力必须保持匀整之力，松紧互为，虚实相互为用。

9. 什么是三角预应?

推手和技击时，全身关节都要处在钝三角形的状态，自然形成五张弓，保持匀整之力，对方不论拳打脚踢，我方出手断其来劲和发力，周身三角能产生预应力，可分解对方之来劲。我方周身皆为活三角，无有平面迎敌，而是曲中求直，故我方手臂与对方手臂一接触，三角螺旋力和三角弹簧力顺力而逆行，守中寓攻。

10. 太极修炼成的感受和表现是什么?

动则“神领，意催，气运身”（心法要求）。

身如灌铅（一动无不动）。

肌肉如一（匀整之劲）。

身整如铸（整劲）。

毛发如戟（气势逼人）。

一接点中求（用意不用力）。

接点为轴（不顶不丢）。

用意如水（舍己从人）。

一动一太极（触之即发）。

无点不弹簧（随心所欲）。

11. 什么是双重?

就是虚实不分的意思，如两脚不分虚实，同时用力着地，使身体的重量平均分落两脚上时，就叫作双重，它是太极拳最忌犯的毛病。

12. 为什么要松肩?

松肩可以把全身的力量集中到手上去，松肩气到肘，如果肩不松，肩僵硬，会影响手的灵活性。

13. 为什么要沉肘?

要把全身的力量集中到手上去，不但要松肩，而且要沉肘，沉肘气才到手。

14. 为什么要掌心空?

要把全身的力量集中到手上去，不但要松肩、沉肘，而且要掌心空，因为掌心一空，气才到手指梢。

15. 为什么要含胸？

含胸能使气向下沉，并且能辅助两腿的起落和进退。

16. 为什么要拔背？

拔背可以避免脊柱松弛过度和低头弯腰，同时还起着发力作用。

17. 为什么要裹裆？

裹裆可以起到气沉而不散的作用，会使身体的动作特别轻灵、活泼。

18. 为什么要溜臀？

溜臀可以使尾闾中正，身体中正安舒，而且有提神的作用。

19. 为什么要松腰？

松腰可以使重心下移，使身体达到平衡稳定，同时对推手中的化、发劲有很大的作用。

20. 掤劲的作用是什么？

掤属水下钻上浮，主进攻，上对下找。

21. 挤劲的作用是什么？

挤属木直撞前冲，主进攻，壮如雷击。

22. 肘劲的作用是什么？

肘劲浑圆用法多，主进攻，势如剑尖。

23. 靠劲的作用是什么？

以肩打靠想足空，前脚难空想前行，身如踏雪踩云中，靠主进攻还养生。

24. 捋劲的作用是什么？

捋劲属火，能化万物，捋劲破掤劲，掤遇捋生挤劲。

25. 按劲的作用是什么？

按劲属金，扶肘沾肩主化，按劲破挤劲，挤劲遇按劲生肘劲。

26. 采劲的作用是什么？

采属乾，主化，采劲破肘劲，肘劲遇采劲生靠劲。

27. 挒劲的作用是什么？

挒属坤，主化，六球体中动无常，全靠它们佐朝纲，挒劲破靠劲，靠遇挒生掤劲。

28. 常用的手型和掌法有哪些？

常用的手型和掌法有立掌、掖掌、下插掌、外翻掌、前翻掌、扑面掌、切掌等。

29. 常用的指法有哪些？

常用的指法有抓、扣、抠、点、扶、拘、捏、拿、挠、拧、掐、刁等。

第七章

修炼太极拳时的几个感受

一、三才合一之感受

如风吹水漂荷叶露珠滚动之感。风、露珠谓之天，水谓之地，荷叶谓之我也。

二、接点就是屈

踏离合，收下颏，夹脊穴空，椎放松。

如若人来犯，“接点就是屈”，就好比汽车挂挡，四肢加力，全身一个整劲。

三、只求神意足，不求形骸似

在修炼太极拳时，只求神意足，不求形体动作像，不模仿动作。

在使用时，有意为假，无意方为真，与对方的接触点要空掉。

四、筋骨抱团行，皮肉松不懈

太极拳的发劲是一个整劲，轻灵圆滑，不是全靠局部肌肉的收拉发劲，而是全身的三盘九节、四肢百骸都参与活动，每个部位都保持一样匀整的松紧，全身一动无有不动，像小孩们玩的小竹龙，手拿住尾巴一动，龙全身的每一个关节都在动，节节贯穿。所以必须做到筋骨抱团行，皮肉松不懈。

五、怎样认识太极

修炼太极拳，每个人都在追求太极之真谛。什么是太极？黑的不是，白的也不是；有不是，无也不是；色不是，空也不是。只有修炼太极拳的人修炼到一定的功夫层次，才能感觉到的似有非有的那一线才是。

六、身如灌铅之感受

太极功夫修炼到一定高的层次，就像一个灌满铅水的橡胶袋，要让它站立起来或袋子一动，袋内之水时刻在平衡，一动无有不动。因为水的特性是往低处流，不能见高低，一有高低之分，它就流动，去保持平衡，就像太极之阴阳，阳动阴必随，时刻保持平衡。

七、肌肉若一之感受

修炼太极的功夫到一定高的层次，每一动作必须做到肌肉若一，皮肉松不懈，全身的皮肉都保持平均的、一定的松紧程度，每个动作不是靠局部的张弛活动，而是全身的肌肉像一块肉一样松紧。

八、身整如铸之感受

身整如铸是修炼太极拳的人修炼到一定高的层次后对太极拳的每一动作的感受，其含义不是像铸铁一样硬，而是像铁铸一样整，全身一个劲，三盘九节，节节贯穿，一动无有不动，皮肉松不懈，筋骨抱团行。

九、毛发如戟之感受

毛发如戟是修炼太极拳的人修炼到高层次后，一旦遇到与人交技的一种感受，用意不用力，神领、意催、气运身，全身汗毛倒立，皮肤上的汗毛孔集成鸡皮疙瘩，聚精会神，全神贯注。

十、四两拨千斤之感受

太极拳以自然、柔韧、沉稳、安舒、圆活为主，推手时始终保持自己的重心平稳，设法破坏对手的平衡，在破坏对手的平衡时，不是主动出击，而是利用对手出击进攻时必然产生的不平衡，再加上一点小小的推力帮助（四两拨千斤），加强他的不平衡。

十一、以静制动、后发制人之感受

太极拳讲究用意不用力，以静制动、后发制人，推手时用意不用力，对手所以失败，是他自己的失败，是被他自己的力气所击出或击倒。击倒对手的力气来源于对手，我只是转移对方力气的方向，如果对手始终保持重心平稳、平衡，或者他根本不来打我，他就不会失败。换句话说：不是我要打，而是他叫打，对手让我怎么打我就怎么打。

十二、谦受益、满招损之感受

自己立于不败之地比击败对手更重要，练习太极拳的人要懂得谦受益、满招损，保盈持泰，凭敏锐的听劲来揣摩对方力道的错误、缺失，如果他没有错误、缺失，那就设法造成他的错误、缺失。自己始终保持重心稳定和平衡，不能有错误、缺失，只要他想来打我，迟早会有弱点暴露出来，被我所利用。

第八章

神意运用问答五十二题

一、吴式太极拳为什么强调神领?

“神贵于形，故形至则神从”，眼神可聚周身之精力。这个精力不是拙力，而是神力，威力，灵巧力，活力。眼出力是因为五脏六腑之精气皆运于目。推手时发人远近，用在眼手，主在腰脊，依托在睾胯。眼球变，颈、身随，威力无比。眼球动，四球跟，变化莫测。

二、吴式太极拳为何强调用意?

唯物主义者认为：物质是第一性的，意识是第二性的，但意识有能动的反作用。练太极拳时用意是为了充分发挥意识能动的反作用，使拳术发挥出最大的威力。

三、怎样才能全身放松?

眉开眼笑，似笑非笑全身松。

四、怎样才能让上身放松?

意想尾骶骨，上身和两臂自然会放松灵活。

五、怎样做到下肢放松?

想大椎穴，下肢会自然放松灵活。

六、怎样才能做到含胸?

想两乳头去找肚脐。

七、如何做到拔背?

想两肩井穴找膻中穴。

八、如何做到松肩?

想肩井穴，两肩会自然放松。

九、如何做到沉肘?

想肘找膝盖骨。

十、如何做到沉肩?

想肩井穴找云门穴。

十一、如何做垂肘?

想肘尖扎地皮，或少海穴找曲池穴。

十二、如何做到圆裆?

想气冲找照海穴，或想落胯。

十三、如何做到顶头悬？

面要正，颈要直，想鼻子尖去找天突穴。

十四、如何做到虎口圆，掌心空？

在手掌伸展的情况下，想合谷穴去找劳宫穴，劳宫穴找大陵穴或找内关穴。

十五、太极拳的五步是哪五步？

前进，后退，左顾，右盼，中定。

十六、如何用神意带动前进？

在保持头顶悬的姿态时，想眼神前下看，就会带动身体自动前进。

十七、如何在训练中用神意带动身体后退？

在保持头顶悬的状态时，想眼神向上看，就会感觉有一股力量推身体后退。

十八、如何用神意“左顾”？

在保持头顶悬的状态时，想鼻子尖去找左耳，或想鼻子尖去找左肩髃穴。

十九、如何用神意去找“右盼”？

在保持头顶悬的状态时，想鼻子尖去找右耳或右肩髃穴。

二十、如何用神意去做“中定”？

在身体保持均态之劲的情况下，想大椎穴通过尾闾穴去找实脚的后跟。

二十一、握拳时如何保持整劲？

想用小拇指、无名指、中指、食指和大拇指指尖的顺序去找劳宫穴。

二十二、拳变掌时，如何保持整劲？

想用大拇指、食指、中指、无名指和小拇指指尖的顺序离开劳宫穴，展开。

二十三、转腰不想腰，为什么？

因为想腰腰就滞，转动慢。

二十四、转腰不想腰，如何转？

想肚脐找肾球，肾球找肚脐。

二十五、如何用意抬两手？

用心想十宣穴找劳宫穴，也可想十指尖找手心。

二十六、如何用意做两手下按？

当两手心向下时，想外劳宫穴（手背部），动作轻灵又隐蔽，两眼看脚下。

二十七、推手时如何才能使身体轻灵？

搭手时肌肉似松非松，推手时两手或臂刺皮不刺骨。

二十八、手足动作时为何想两眼球？

眼球管两手、两足的开合和发放之远近。

二十九、肘、膝动作时为何想两个肾球？

在人身体里，肾球部位管两肘和两膝部位的动作，用意念去想两肾球的开合会带动两肘两膝的开合和身体的左右旋转。

三十、肩、胯的开合起伏为何想睾丸？

男人的睾丸部位管两肩和两膝，用意念去想睾丸的开合、升降，会带动两肩和两膝的开合和起伏。

三十一、太极、八卦、形意拳都是内家拳，它们的劲路有什么不同？

形意拳主直劲好比战争中的攻击战；八卦拳主变劲好比战争中的运动战；太极拳主空劲好比阵地战，以不变应万变。

三十二、什么是节节贯穿？怎样用意念调整身体节节贯穿？

节节贯穿就是三盘九节相连贯穿。换句话说，从手、前臂、后臂中的骨与头、颈椎、胸椎、腰椎、大腿、小腿、脚中的骨节节相连。如同儿童玩的小竹龙，手拿尾一动，龙全身就动，节节相连，节节相催。吴式太极拳的预备势（热身法），就是为了让全身三盘九节，节节贯穿。要做到节节贯穿，首先想肩井穴、曲池穴、少海穴、后溪穴，然后想后溪穴找列缺穴，就形成头顶悬，全身似松非松，似紧非紧，感觉身如灌铅，一动无有不动，全身是一个整劲。

三十三、怎样理解太极拳的阴阳劲?

根据原理，太极拳可分为阴劲和阳劲。阴劲为静为实。阳劲为动为虚。在修炼太极拳中，一动就分阴阳。太极图本身为一个圆，内中又有阴鱼和阳鱼，阳鱼一动，阴鱼就必须随动，丝毫不分。人的身体如一个太极球，动时四肢分阴阳，如人们走路，请认真揣摩，左脚前迈，右腿实撑地，左手用意向后摆动，右手自动前送。右腿实撑地是阴劲，左腿前迈是动是阳劲，左手后摆是动是阳劲，右手前送是实是阴劲。再如吴式太极拳的搂膝拗步式，右手用意搂右膝，右脚踏实，左手前送，右手用意搂右膝为动，为阳劲，右脚踏实为阴劲，左掌前送为静为实，为阴劲。有人说太极拳的阳劲是动，能打人，阴劲是化，不能打人。笔者认为这是不全面的，阴劲也是劲，是太极球的一部分，这部分撞着人不也是打人吗?关键是如何认识和运用。

三十四、什么是太极八法?

掤、捋、挤、按、采、挒、肘、靠，这八种劲就是太极八法，也叫太极八门。

三十五、什么是掤劲?掤劲用什么意念才能做到?

向前向上的劲为掤劲。掤劲命门找环跳。

三十六、什么是捋劲?捋劲如何用意念才能做到?

向后向上的引带劲为捋劲。捋劲食指画眉毛。

三十七、什么是挤劲?挤劲用何意念才能做到?

往横前下的劲为挤劲。挤劲夹脊穴找前脚，目视前方。

三十八、什么是按劲?按劲如何用神意去做?

往下、下后、左后和右后的沉滞劲叫按劲。按劲凭栏楼下瞧，想膻中穴去找外劳宫穴。

三十九、什么叫采劲?采劲用何意念才能做到?

往下一按一提为采劲。采劲玄关穴找肩井穴。

四十、什么是挒劲?挒劲用何意念?

旋转劲为挒劲，对方来了劲以后，通过手法，一个旋转劲把力再还到对方身上为挒劲。挒劲意在蹬后脚。

四十一、什么是肘劲?

肘击、肘拿、肘沉、肘带为肘劲。肘劲意在合谷穴找云门穴。

四十二、什么是靠劲?靠劲用何意念去做?

用肩正靠、斜靠还有背折靠,包括胯打都为靠劲。靠劲玉枕扛大包,也可玉枕穴和肩井穴合。

四十三、如何用意念抬膝?

在头顶悬,身体保持整劲时,用心想膝盖上找肚脐或膻中穴,膝盖就会自然抬起。

四十四、打正单鞭势时如何用意念?

右手变钩,钩尖向下,右腕向上凸起,眼神逐渐转向左前,左脚向左舒伸,左掌根随眼神以食指引路向左转移,两脚平落,左掌心转向东南,意在右手勾腕。力量不够,想右肩井穴找左环跳穴。

四十五、如何用意念抬脚?

用脑子一想脚三里穴,这个脚就会自动抬起。

四十六、金鸡独立时站不稳怎么办?

用脑子想阴陵穴上找气冲穴。

四十七、前脚站立时如何用意念站稳?

用脑子想涌泉穴向四周扩散。

四十八、两脚前掌着地时,如何用意念跳起?

用脑子想涌泉穴突然缩小,就会被弹起。

四十九、当重心在脚后跟时,如何用意念站稳?

不能想脚后跟着地,要想脚后跟中的骨头(跗骨)入地,就会感觉站得稳。

五十、如何用意念做到裹裆?

用意想两条腿上的阴陵穴一合就行了,裹裆时同侧的膝盖尖与脚尖始终保持上下垂直。

五十一、用何意念才能做到溜臀?

用心想一下,尾骶骨尖找会阴穴即可。

五十二、松腰用什么意念?

想一下小腹略微一收，腰就松了。

附录　吴式太极拳传递系统简表

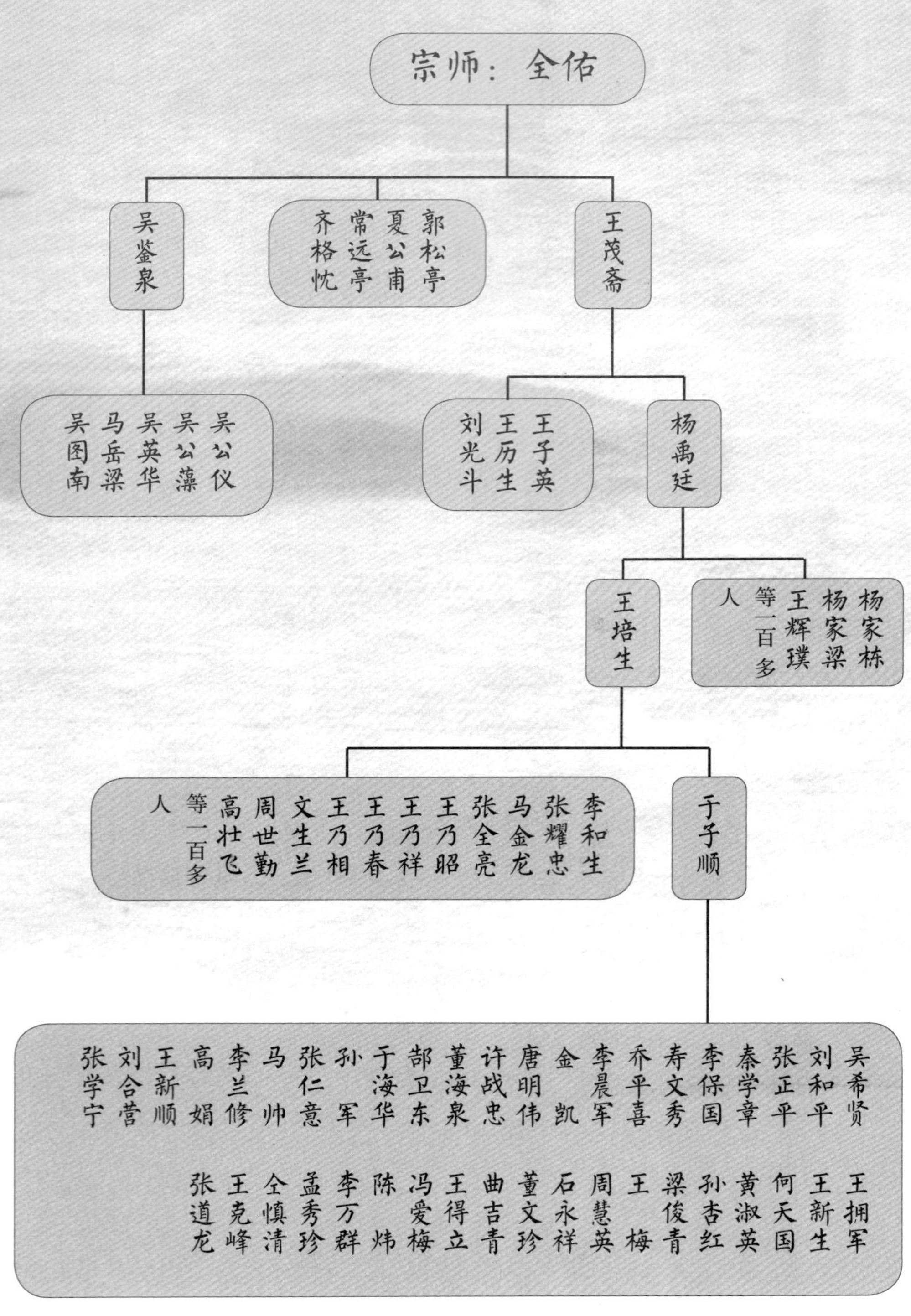